Uso JUNIOR

elemental

Ramón Palencia

GRUPO DIDASCALIA, S.A.
Plaza Ciudad de Salta, 3 - 28043 MADRID - (ESPAÑA)
TEL.: (34) 914.165.511 - (34) 915.106.710
FAX: (34) 914.165.411
e-mail: edelsa@edelsa.es
www.edelsa.es

Primera edición: 2001
Primera reimpresión: 2004
Segunda reimpresión: 2005
Tercera reimpresión: 2005
Cuarta reimpresión: 2006
Quinta reimpresión: 2007
Sexta reimpresión: 2008

© Ramón Palencia del Burgo
© Edelsa Grupo Didascalia, S.A., Madrid, 2001

Dirección y coordinación editorial: Departamento de Edición de Edelsa.
Diseño de cubierta y maquetación: Departamento de Imagen de Edelsa.
Diagramación: Estudio Gráfico LH.
Imprenta y encuadernación: Egedsa, S.A.

Ilustraciones: Antonio Martín.
　　　　　　　Julián Hormigos.

ISBN: 978-84-7711-551-9
Depósito legal: B-36202-2008

Impreso en España.
Printed in Spain.

Presentación

Uso *JUNIOR* es una gramática de español que consta de:

- 24 temas.
- 8 *Vamos a repasar.*
- 26 Actividades comunicativas.

En cada tema se trabaja un contenido gramatical a través de:

Vamos a repasar: Ejercicios para comprobar cómo vas.

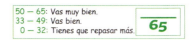

Actividades comunicativas para practicar de manera oral los contenidos gramaticales de cada tema.

ÍNDICE

TEMA	TÍTULO	CONTENIDO GRAMATICAL	PÁGINA
1	Chico, chica	El género de las personas	6
2	Gato, gata	El género de los animales	10
3	Un balón y una videoconsola	El género de las cosas	14
	Vamos a repasar		18
4	Dos cuadernos y un bolígrafo	El plural de los sustantivos	20
5	Es un boli	El artículo indeterminado: un, una...	24
6	Los padres de Ana	El artículo determinado: el, la...	28
	Vamos a repasar		32
7	Marta es morena	Adjetivos calificativos	34
8	Un coche español	Adjetivos de nacionalidad	38
9	Yo, tú, él, ella...	Pronombres personales sujeto	42
	Vamos a repasar		46
10	Soy profesor	Presente de Indicativo: verbo ser	48
11	Esa moto	Demostrativos: este... ese... esto...	52
12	Mis padres	Adjetivos posesivos: mi, tu...	56

13	Uno, dos, tres...	Números	60
	Vamos a repasar		66
14	Tengo dos hermanos	Presente de Indicativo: verbo *tener*	68
15	Estoy en Barcelona	Presente de Indicativo: verbo *estar*	72
16	¡Hay una televisión en el cuarto de baño!	*Hay*	76
	Vamos a repasar		80
17	Estudio español	Presente de Indicativo: verbos regulares	82
18	Quiero ser abogada	Presente de Indicativo: verbos irregulares 1	86
19	Voy al cine	Presente de Indicativo: verbos irregulares 2	90
	Vamos a repasar		94
20	Me quiere, no me quiere...	Pronombres personales complementos: *me, te...*	96
21	(A mí) me gusta el español	Presente de Indicativo: *gustar, encantar*	100
22	Me levanto a las siete	Presente de Indicativo: *lavarse, levantarse...*	106
	Vamos a repasar		110
23	Abre el libro	Imperativo afirmativo: verbos regulares e irregulares	112
24	Levántate	Imperativo afirmativo: verbos con *se*	116
	Vamos a repasar		120
	Actividades		121

1 Chico, chica

El género de las personas

En español, los sustantivos son **masculinos** o **femeninos**.

Masculino	Femenino
Los sustantivos referentes a hombres son masculinos:	Los sustantivos referentes a mujeres son femeninos:

-o	-a
chico	chica
alumno	alumna
médico	médica
hermano	hermana

-consonante	-consonante + a
profesor	profesora
bailarín	bailarina

Otras terminaciones

rey	reina
actor	actriz

uso JUNIOR elemental

Formas diferentes

hombre	mujer
marido	mujer
padre	madre
papá	mamá

Formas iguales

-ante, -ista   -ante, -ista

   estudiante   **estudiante**
tenista   **tenista**

También...

   policía   **policía**

El género de un sustantivo, masculino o femenino, determina la forma de algunas de las palabras que lo acompañan.

El profesor de matemáticas.   *La* profesora de español.
Mi cantante preferid**o** es Ricky Martin.   Mi cantante preferid**a** es Christina Aguilera.

Ejercicios

1. Completa la pareja.

 a. *médico* / *médica*

 b. .... / enfermera

 c. .... / profesora

 d. .... / estudiante

 e. cantante / ....

f. taxista / ....

 g. cocinero / ....

h. .... / reina

 i. actor / ....

 j. camarero / ....

 k. .... / tenista

 l. abogado / ....

m. pintor ....
n. .... periodista
ñ. dentista ....
o. escritor ....
p. .... policía
q. futbolista ....
r. conductor ....
s. peluquero ....

2. Sigue las líneas y completa con profesiones del ejercicio 1.

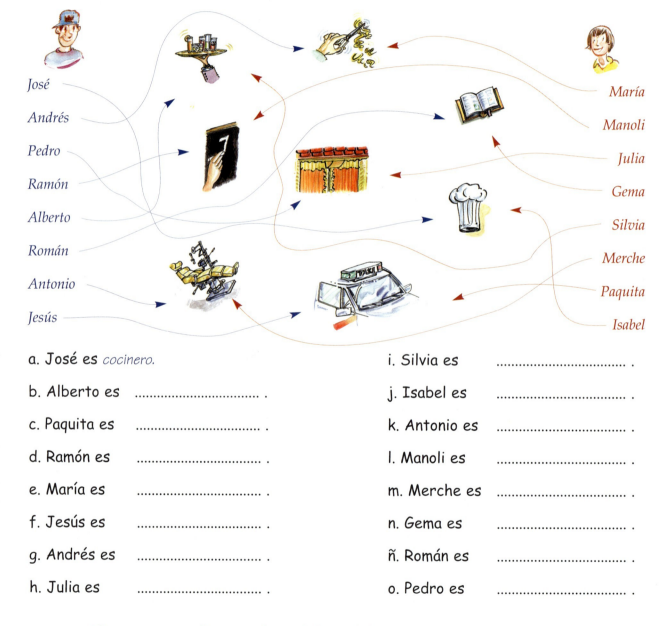

a. José es *cocinero*.
b. Alberto es ....
c. Paquita es ....
d. Ramón es ....
e. María es ....
f. Jesús es ....
g. Andrés es ....
h. Julia es ....
i. Silvia es ....
j. Isabel es ....
k. Antonio es ....
l. Manoli es ....
m. Merche es ....
n. Gema es ....
ñ. Román es ....
o. Pedro es ....

3. Observa y completa con las palabras del recuadro.

| abuelo | abuela | hermano | hermana | hijo | hija | marido |
| mujer | padre | madre | primo | prima | tío | tía |

uso JUNIOR elemental

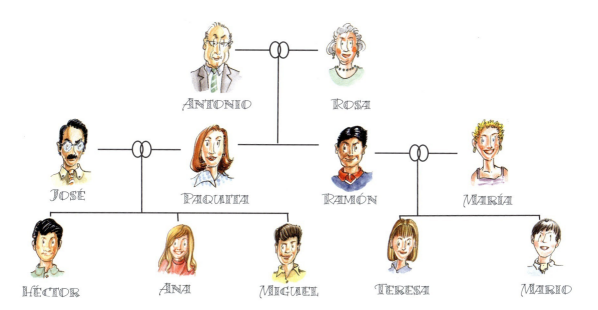

a. Antonio es *abuelo* de Ana.

b. Mario es .... de Ramón.

c. Teresa es .... de Mario.

d. Ana es .... de Teresa.

e. Ramón es .... de Héctor.

f. Paquita es .... de Mario.

g. Antonio es .... de Ramón.

h. Miguel es .... de Teresa.

i. José es .... de Paquita.

j. Rosa es .... de Miguel.

k. María es .... de Mario.

l. Ana es .... de José.

m. Miguel es .... de Héctor.

n. María es .... de Ramón.

4. Completa las frases.

> actor   actriz   cantante   compañero
> compañera   deportista   profesor   profesora

a. Mi *cantante* preferido es ....

Mi *cantante* preferida es ....

b. Mi .... preferido es ....

Mi .... preferida es ....

d. Mi .... preferido es ....

Mi .... preferida es ....

c. Mi .... preferido es ....

Mi .... preferida es ....

e. Mi .... preferido es ....

Mi .... preferida es ....

uso JUNIOR elemental

2 Gato, gata

El género de los animales

1. Animales con formas masculinas y femeninas.

Algunos animales tienen **masculino** y **femenino**.

<u>Son masculinos…</u>　　　　<u>Son femeninos…</u>

… los nombres de animales　　… los nombres de animales
del sexo masculino:　　　　　del sexo femenino:

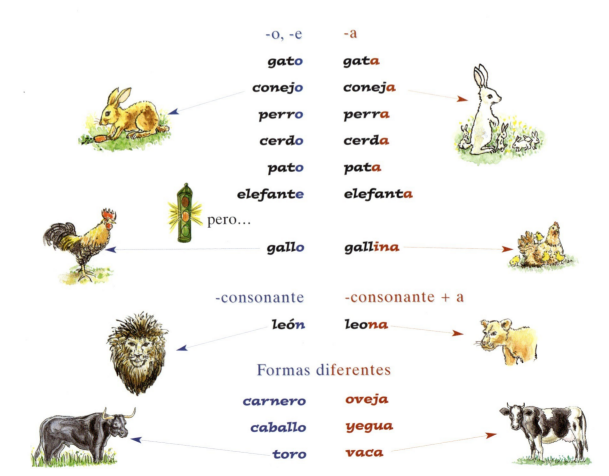

-o, -e	-a
gat**o**	gat**a**
conej**o**	conej**a**
perr**o**	per**ra**
cerd**o**	cerd**a**
pat**o**	pat**a**
elefant**e**	elefant**a**

pero…

| gall**o** | gall**ina** |

-consonante	-consonante + a
le**ón**	leo**na**

Formas diferentes

carnero	oveja
caballo	yegua
toro	vaca

uso *JUNIOR* elemental

2. Animales con formas únicas, masculinas o femeninas.

Otros animales son sólo masculinos o sólo femeninos.

Son *siempre* masculinos…		Son *siempre* femeninos…
loro	canguro	tortuga
murciélago	pingüino	foca
cocodrilo	panda	paloma
hipopótamo	gorila	ballena
rinoceronte	tiburón	jirafa
poni	pez	mariposa
hámster		rana
delfín		cebra
avestruz		serpiente

El género de un sustantivo, masculino o femenino, determina la forma de algunas de las palabras que lo acompañan.

Un gato.   *Una* gata.

Ejercicios

1. Sigue las líneas y completa las frases con *un* o *una* y el nombre de la mascota.

SARA   JAVI   PEPE   LUISA   ANA   HÉCTOR   TERESA   RICARDO

PONI   PEZ   HÁMSTER   SERPIENTE   TORTUGA   PERRO   GATO

RANA

a. Ana tiene *un hámster*.   e. Héctor tiene _____ .

b. Javi tiene _____ .   f. Luisa tiene _____ .

c. Pepe tiene _____ .   g. Ricardo tiene _____ .

d. Sara tiene _____ .   h. Teresa tiene _____ .

2 - ¿Qué animales ves en el dibujo? Escribe los nombres de animales con *un* o *una*.

Caballo
Cerdo
Gallina
Gato

Oveja
Paloma
Pato
Vaca
Perro

1. *un caballo.*
2. ....
3. ....
4. ....
5. ....
6. ....
7. ....
8. ....
9. ....

3 - Clasifica los animales de la ilustración en masculino y femenino.

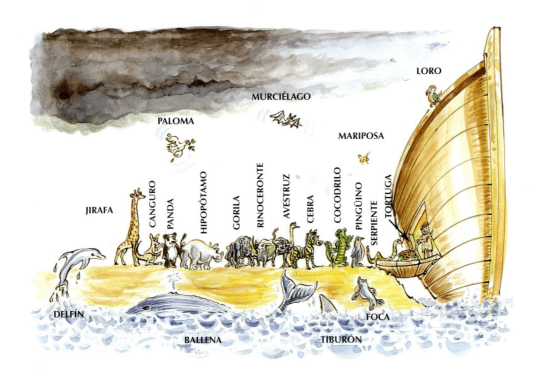

Masculino	Femenino
Un _____	Una _____
_____	_____
_____	_____
_____	_____
_____	_____
_____	_____
_____	_____
_____	_____
_____	_____
_____	_____
_____	_____

4. Encuentra el nombre y únelo al dibujo.

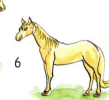

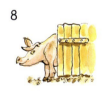
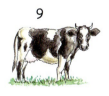

```
P T O G L E O N A A
C A B A L L O P P M
G A L L O E T O A C
V P E L E F A N T E
A E Y I O A P T O R
C R E N D N S O R D
A R G A R T P A T A
L O U R E A T O R O
P L A L C O L E O N
T O C P E R R A L A
```

uso JUNIOR elemental

3
Un balón y una videoconsola

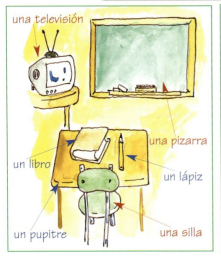

¡Qué bien! Un balón y una videoconsola.
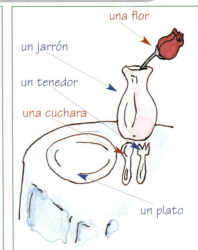

El género de las cosas

En español, los nombres de cosas son **masculinos** o **femeninos**.

Son masculinos…   Son femeninos…

… los nombres de cosas   … los nombres de cosas
terminados en -o: terminados en -a:

    libro sill**a**
    plato pizarr**a**
    bolígrafo cuchar**a**

pero…

    mapa radio
        foto
        moto

Los nombres de cosas terminados en -e, -i, -u o en consonante son masculinos o femeninos. Puedes verlo en un diccionario.

    pupitre clase
    balón televisión
    tenedor flor
    lápiz postal
    reloj
    sacapuntas

El género de un sustantivo, masculino o femenino, determina la forma de algunas de las palabras que lo acompañan.

Un balón.   *Una flor.*

Ejercicios

1. Etiqueta el aula con las palabras del recuadro y *un* o *una*. Utiliza un diccionario si es necesario.

> bolígrafo borrador calculadora cuaderno diccionario estuche foto goma (de borrar)
> lápiz libro mapa mesa mochila ordenador pizarra pluma puerta pupitre
> radiocasete regla reloj sacapuntas silla televisión tiza ventana vídeo

a. *una televisión*

2. Sigue las líneas y escribe.

a. Sara tiene *un monopatín* _____.

b. Ricardo tiene _____.

c. Javi tiene _____.

d. Luisa tiene _____.

e. Ana tiene _____.

f. Héctor tiene _____.

g. Teresa tiene _____.

h. Pepe tiene _____.

3. Completa con *un*, para masculino, o *una*, para femenino.

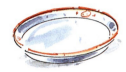

a. *un* plato

f. _____ cuchara

b. _____ cuadro

g. _____ tenedor

c. _____ vaso

h. _____ mantel

d. _____ taza

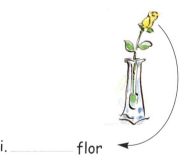

i. _____ flor

e. _____ lámpara

j. _____ servilleta

uso *JUNIOR* elemental

Vamos a repasar. Temas 1-2-3

1. Completa la pareja.

1. cocinero _____	2. padre _____	3. _____ hija
4. taxista _____	5. _____ policía	6. médico _____
7. marido _____	8. _____ profesora	9. _____ tenista
10. _____ dentista	11. _____ actriz	12. estudiante _____
13. escritor _____	14. panadero _____	15. abuelo _____
16. camarero _____	17. _____ tía	18. toro _____
19. cerdo _____	20. _____ gata	21. _____ gallina
22. _____ leona	23. _____ yegua	24. perro _____
25. conejo _____		

25

2. Identifica los animales de la ilustración y escribe los nombres con *un* o *una*.

paloma   murciélago   avestruz   ballena   jirafa   loro   cocodrilo   foca   canguro   panda   tiburón   rinoceronte   tortuga   gorila   hipopótamo   mariposa   delfín   serpiente   pingüino   cebra

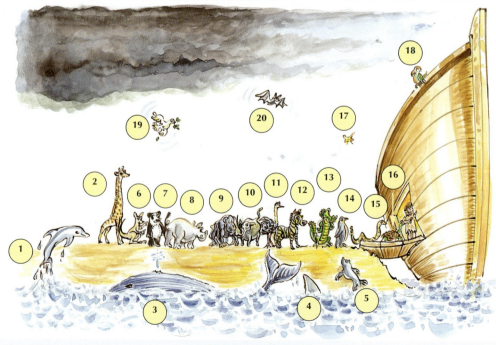

18   uso JUNIOR elemental

1. _____   8. _____   15. _____

2. _____   9. _____   16. _____

3. _____   10. _____   17. _____

4. _____   11. _____   18. _____

5. _____   12. _____   19. _____

6. _____   13. _____   20. _____

7. _____   14. _____

$$\overline{20}$$

3 _ Escribe *M* para masculino y *F* para femenino.

1. balón _____   2. bicicleta _____   3. bolígrafo _____   4. borrador _____

5. botella _____   6. calculadora _____   7. cuaderno _____   8. cuadro _____

9. cuchara _____   10. cuchillo _____   11. diccionario _____   12. estuche _____

13. flor _____   14. foto _____   15. goma _____   16. lámpara _____

17. lápiz _____   18. libro _____   19. mantel _____   20. mapa _____

21. mesa _____   22. mochila _____   23. monopatín _____   24. muñeca _____

25. ordenador _____   26. peluche _____   27. pizarra _____   28. pluma _____

29. puerta _____   30. pupitre _____   31. regla _____   32. reloj _____

33. rompecabezas _____   34. sacapuntas _____   35. servilleta _____   36. silla _____

37. taza _____   38. televisión _____   39. tenedor _____   40. tiza _____

41. tren _____   42. vaso _____   43. ventana _____   44. videoconsola _____

45. vídeo _____

$$\overline{45}$$

68 — 90: Vas muy bien.
46 — 67: Vas bien.
0 — 45: Tienes que repasar más.

90

4 Dos cuadernos y un bolígrafo

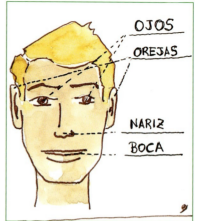

El plural de los sustantivos

Singular (1)   Plural (2, 3, 4 …)

-a, -e, -i, -o, -u   + s

uva — uvas
ojo — ojos
estudiante — estudiantes
poni — ponis

-consonante   + es

limón — limones
dátil — dátiles
ordenador — ordenadores

pero…

sacapuntas — sacapuntas
rompecabezas — rompecabezas

-z   -ces

lápiz — lápices
pez — peces

Sólo forma de plural

vaqueros — vaqueros
tijeras — tijeras
gafas — gafas

uso JUNIOR elemental

masculino + femenino = plural masculino

padre + madre = padres
hijo(s) + hija(s) = hijos
hermano(s) + hermana(s) = hermanos

Luis y Rosa tienen tres hijos.
Ana tiene dos hermanos, Jaime y Luisa.
Sus padres se llaman Luis y Rosa.

Usa *el singular* para 1: '*un bolígrafo*' '*un lápiz*',

y *el plural* para 2, 3, 4, etc.: '*dos cuadernos*' '*muchos amigos*'.

Ejercicios

1. Escribe el plural de estas palabras en la columna correspondiente.

| actriz balón cantante foto gallina gato león libro mapa pez |
| monopatín mujer plato reloj rompecabezas serpiente tenedor |

+s	+es	-ces
		-ø

2. Completa.

a. 1 profesor — 2 *profesores*   b. 1 serpiente — 3 _____
c. 1 _____ — 3 chicos   d. 1 policía — 5 _____
e. 1 tijeras — 8 _____   f. 1 gafas — 2 _____
g. 1 compañera — 2 _____   h. 1 sacapuntas — 3 _____
i. 1 _____ — 11 futbolistas   j. 1 _____ — 2 relojes
k. 1 elefante — 10 _____   l. 1 lápiz — 3 _____
m. 1 delfín — 2 _____   n. 1 _____ — 5 vaqueros
o. 1 gata — 4 _____   p. 1 servilleta — 6 _____

q. 1 _____ — 6 vacas   r. 1 cuchillo — 4 _____
s. 1 _____ — 5 peces   t. 1 _____ — 2 jarrones

3. Suma.

a. 2 compañeras + 3 compañeros = *5 compañeros*

b. 1 hermano + 2 hermanas = _____

c. 3 amigos + 4 amigas = _____

d. 2 tíos + 1 tía = _____

e. 3 padres + 2 madres = _____

f. 2 profesores + 1 profesora = _____

g. 1 alumno + 1 alumna = _____

h. 1 chica + 3 chicos = _____

i. 2 actores + 2 actrices = _____

j. 1 bailarín + 1 bailarina = _____

4. Cuenta los objetos y escribe.

a. (goma) *tres gomas*

b. (calculadora) _____

c. (libro) _____

d. (regla) _____

e. (lápiz) _____

f. (pluma) _____

g. (sacapuntas) _____

h. (bolígrafo) _____

i. (estuche) _____

5. Escribe los nombres de las frutas con las palabras del recuadro en plural.

cereza coco fresa limón manzana melocotón melón naranja pera piña plátano uva

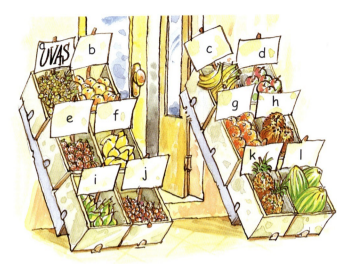

a. uvas
b. _____
c. _____
d. _____
e. _____
f. _____

g. _____
h. _____
i. _____
j. _____
k. _____
l. _____

6. Completa la descripción de estos extraterrestres.

a. Oreja
b. Ojo
c. Nariz
d. Boca
e. Brazo
f. Mano
g. Dedo
h. Pierna
i. Pie
j. Dedo

Klonco es del planeta Eñe. Tiene una .... (a)............, tres .... (b)............, dos .... (c)............ y una .... (d)............ . Tiene cuatro .... (e)............ y cuatro .... (f)............; tiene doce .... (g)............, tres en cada mano. Tiene una .... (h)............ y dos .... (i)............; tiene ocho .... (j)............ en los pies.

5 Es un boli

El artículo indeterminado: un, una, unos, unas

un + sustantivo masculino singular	unos + sustantivo masculino plural
un boli **un coco**	**unos bolis** **unos vaqueros**
una + sustantivo femenino singular	**unas** + sustantivo femenino plural
una pluma **una manzana**	**unas uvas** **unas manzanas**

 pero... **un águila,** **un ave**

Usa *un, una, unos o unas*:

- **Para decir qué clase de objeto es algo:**

-¿Qué es esto?   *Un boli.*
-¿Y eso?   *Una pluma.*

- **Para expresar cantidad:**

... palabras como 'vaqueros', 'tijeras' = 1

... coco?

... etc.

Sólo unas uvas.

Ejercicios

1. ¿Qué son los objetos misteriosos? Completa las frases con las palabras del recuadro y *un, una, unos, unas*. ¡Cuidado con el género!

águila   balón   bicicleta   bolígrafo   gafas   vaqueros   llave   moneda   regla   sello   tijeras

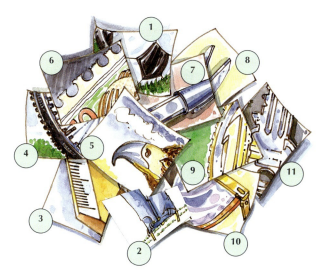

1. El número uno es *un balón*.
2. El número dos son *unos vaqueros*.
3. El número tres es _____.
4. El número cuatro es _____.
5. El número cinco es _____.
6. El número seis es _____.
7. El número siete es _____.
8. El número ocho son _____.
9. El número nueve es _____.
10. El número diez son _____.
11. El número once es _____.

2. ¿Qué hay en la mesa? Completa las frases con las palabras del recuadro y *un, una, unos* y *unas*. ¡Cuidado con el género!

cereza   coco   dátil   fresa   limón   manzana   melocotón   melón   naranja   pera   piña   plátano   uva

Hay (a) *un plátano*,

(b) *unas uvas*,

(c) _____,

(d) _____,

(e) _____,

(f) _____,

(g) _____,

(h) _____,

(i) _____,

(j) _____,

(k) _____,

(l) _____,

(m) y *unas fresas*.

3. Geografía de España y América. ¿Qué son los siguientes nombres? Completa las frases con las palabras de los dibujos y *un* o *una*. ¡Cuidado con el género!

Continente   País   Ciudad   Cordillera   Montaña   Volcán

Desierto   Río   Lago   Catarata   Océano   Isla

a. América es un continente.

b. Los Andes son una cordillera.

c. El Amazonas es _____.

d. El Teide es _____.

e. El Titicaca es _____.

f. Paraguay es _____.

g. Lanzarote es _____.

h. El Pacífico es _____.

i. Caracas es _____.

j. El Salto del Ángel es _____.

k. El Aconcagua es _____.

l. El Atacama es _____.

m. El Tajo es _____.

n. Sierra Morena es _____.

ñ. Buenos Aires es _____.

o. Guatemala es _____.

p. Los Saltos del Iguazú son _____.

q. El Atlántico es _____.

r. Barcelona es _____.

4. ¿Qué quieren estos chicos? Sigue las líneas y completa las frases. ¡Cuidado con el género!

a. Luisa quiere *una falda y unas botas.*

b. Héctor quiere _____ y _____.

c. Teresa quiere _____ y _____.

d. Pepe quiere _____ y _____.

e. Ricardo quiere _____ y _____.

f. Javi quiere _____ y _____.

5. ¿Qué hay en la mesa? Completa las frases con las palabras del recuadro y *un, una, unos* y *unas*. ¡Cuidado con el género!

| cuaderno flor foto jarrón lámpara lápiz libro moneda ordenador postal tebeo vaso |

Hay (a) *un ordenador,*

(b) _____,
(c) _____,
(d) _____,
(e) _____,
(f) _____,
(g) _____,
(h) _____,
(i) _____,
(j) _____,
(k) _____, (l) _____.

uso *JUNIOR* elemental

6 Los padres de Ana

El artículo determinado: el, la, los, las

el + sustantivo masculino singular	los + sustantivo masculino plural
el padre **el** profesor	**los** padres **los** profesores

la + sustantivo femenino singular	las + sustantivo femenino plural
la capital **la** madre	**las** uvas **las** madres

pero… **el** aula, **el** águila

a+el=al   Alberto juega **al** fútbol.

Usa *el, la, los o las*:

- **Para hablar de una persona o cosa única:**

El Sol es una estrella gigante.
(= La Tierra tiene sólo un sol.)
Los padres de Ana. (= Ana tiene sólo un padre y una madre.)
Lima es la capital de Perú. (= Perú tiene sólo una capital.)

Compara:

Una hermana de Andrés es tenista.   *La hermana* de Pedro es azafata.

uso JUNIOR elemental

- **Para hablar de algo en sentido general:**

Las uvas son mi fruta preferida. (=todas las uvas.)
La gallina es un ave. (=todas las gallinas.)

Compara:

Hay *unas uvas* en la nevera.   *Las uvas* son mi fruta preferida.
(Algunas uvas.)   (Las uvas en general.)

- **Con los nombres de deportes:**   - **Con las horas:**

El tenis es mi deporte preferido.
Sofía juega *al baloncesto*.

- **Con los días del mes:**

Es *la una y media.*

Mi cumpleaños es *el dos* de enero.
El catorce de junio tengo un examen.

 Pero…   Hoy es tres de diciembre.

Son *las tres.*

Ejercicios

1. Completa las frases con las palabras del recuadro y *el, la, los* o *las*.
¡Cuidado con el género!

| águila | loros | ballena | cocodrilo | mariposas | mosca | osos |
| rana | salmón | serpientes | tiburones | salamandras | | |

a. *Las serpientes* son reptiles.   g. _____ es un reptil.

b. _____ son mamíferos.   h. _____ son peces.

c. _____ es un ave.   i. _____ son aves.

d. _____ es un mamífero.   j. _____ es un insecto.

e. _____ son insectos.   k. _____ es un pez.

f. _____ es un anfibio.   l. _____ son anfibios.

2. Sigue las líneas y completa las frases con *el, la* o *al*. Utiliza las palabras del recuadro. ¡Cuidado con el género!

a. Javi juega *al fútbol*.

b. _____ es el deporte preferido de Pepe.

c. _____ es el deporte preferido de Luisa.

d. Héctor juega _____ .

e. _____ es el deporte preferido de Ricardo.

f. _____ es el deporte preferido de Ana.

g. Sara juega _____ .

h. _____ es el deporte preferido de Teresa.

3. Observa el árbol genealógico y completa las frases. Utiliza las palabras del recuadro, en singular o plural, con *el, la, los, las* o *un, una, unos, unas*.

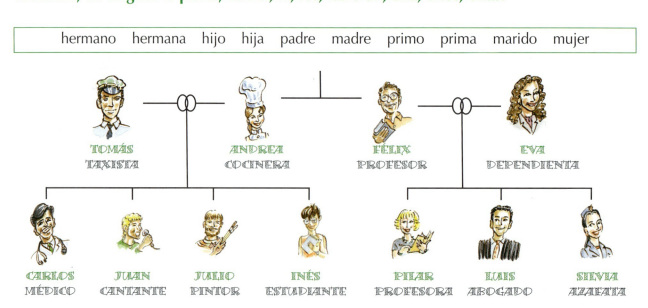

a. *El padre* de Inés es taxista.
b. _____ de Inés es médico.
c. _____ de Luis es pintor.
d. _____ de Félix es dependienta.
e. _____ de Félix es profesora.
f. _____ de Luis es azafata.
g. _____ de Inés es cocinera.
h. _____ de Pilar es cantante.
i. _____ de Julio es estudiante.
j. _____ de Eva es profesor.
k. _____ de Inés es abogado.

4. Completa con *el, la, los, las* o *un, una, unos, unas.*

a. Es _____ una.

b. Marta es _____ compañera de clase.

c. Tengo _____ amigos brasileños.

d. Son _____ cinco.

e. Mi cumpleaños es _____ 3 de abril.

f. ¡Mira! _____ Sol.

g. El examen es _____ 1 de julio.

h. Brasilia es _____ capital de Brasil.

i. Sevilla es _____ ciudad española.

j. Son _____ gafas de la madre de Julio.

k. ¡Mira! _____ zapatos.

l. ¡Mira! _____ perros de Juan.

Vamos a repasar. Temas 4-5-6

1. Completa la columna de plural.

1	2,3,...	1	2,3,...
1. limón		11. pez	
2. lápiz		12. profesor	
3. poni		13. vaqueros	
4. ordenador		14. capital	
5. reloj		15. balón	
6. león		16. chica	
7. jirafa		17. cuchara	
8. tijeras		18. bolígrafo	
9. vaso		19. piña	
10. sacapuntas		20. dátil	

2. Completa la descripción de esta familia. Utiliza las palabras del recuadro que necesites.

abuelo   abuela   padre   madre   hijo   hija   hermano   hermana   marido   mujer

Mi _____(1)_____ se llama Emilia. Tengo tres _____(2)_____, dos _____(3)_____ y una _____(4)_____. Mi _____(5)_____ se llama Jesús.

Tengo dos _____(6)_____; se llaman Lolo y Carlos. Mi _____(7)_____ se llama Jesús y mi _____(8)_____ Margarita. Mi _____(9)_____ se llama Emilia.

3. Completa la descripción de Pinta. Utiliza las palabras del recuadro.

| boca | brazo | dedo | nariz |
| ojo | oreja | pie | pierna | mano |

Pinta tiene dos ___(1)___, un ___(2)___, dos ___(3)___ y dos ___(4)___. Tiene dos ___(5)___ y dos ___(6)___, con cuatro ___(7)___ en cada una. Tiene tres ___(8)___ y tres ___(9)___, con un ___(10)___ en cada uno.

10

4. Completa las frases con *un, una, unos, unas* o *el, la, los, las, al.*

• – ___(1)___ plátanos son mi fruta preferida.
• – ___(2)___ águila es ___(3)___ ave.
• – Son ___(4)___ dos y media.
• – Mi deporte preferido es ___(5)___ equitación.
• – Barcelona es ___(6)___ ciudad.
• – El Teide es ___(7)___ volcán.
• – Mi cumpleaños es ___(8)___ dos de enero.
• – ___(9)___ Sol es ___(10)___ estrella.
• – Roberto juega a ___(11)___ rugby.

• – ___(12)___ mexicanos hablan español.
• – ¿Qué es eso?
  * Es ___(13)___ ordenador portátil.
• – Madrid es ___(14)___ capital de España.
• – ¿Quiénes son Marga y Pili?
  * Son ___(15)___ compañeras.
• – ¿Qué hora es?
  * ___(16)___ una.

16

5. Completa las frases con *un, una, unos,* o *el, la, los, las.*

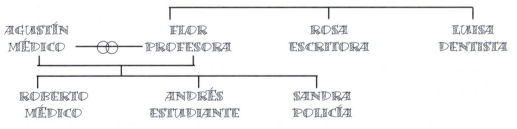

1. Flor es ___ madre de Andrés.
2. ___ padre de Sandra es médico.
3. ___ hijo de Agustín es médico.
4. ___ tías de Andrés se llaman Rosa y Luisa.
5. ___ hermano de Sandra es estudiante.
6. ___ hermana de Flor es escritora.
7. ___ tía de Sandra es dentista.
8. ___ hermanos de Sandra se llaman Roberto y Andrés.
9. ___ hermana de Roberto es policía.
10. ___ hermano de Andrés es médico.

50 – 65: Vas muy bien.
33 – 49: Vas bien.
0 – 32: Tienes que repasar más.

65

10

7 Marta es morena

Marta y Sebastián son hermanos.
Son **jóvenes**.

Marta es muy **guapa**.
Es **alta** y **morena**.

Es **alegre** y tiene el **pelo largo**
y los **ojos verdes**.

Adjetivos calificativos

SINGULAR		PLURAL	
Masculino	Femenino	Masculino	Femenino
-o	-a	-os	-as
blanc**o**	blanc**a**	blanc**os**	blanc**as**
alt**o**	alt**a**	alt**os**	alt**as**
moren**o**	moren**a**	moren**os**	moren**as**

Igual terminación

-e, -a		-es, -as	
verd**e**	verd**e**	verd**es**	verd**es**
alegr**e**	alegr**e**	alegr**es**	alegr**es**
inteligent**e**	inteligent**e**	inteligent**es**	inteligent**es**
ros**a**	ros**a**	ros**as**	ros**as**

-consonante		-consonante +es	
gri**s**	gri**s**	gris**es**	gris**es**
azu**l**	azu**l**	azul**es**	azul**es**
jove**n**	jove**n**	jóven**es**	jóven**es**

-z		-ces	
feli**z**	feli**z**	feli**ces**	feli**ces**

Sebastián es **alto** y **rubio**.

Tiene el **pelo corto** y
los **ojos castaños**.
Es muy **simpático**.

uso JUNIOR elemental

Sustantivo masculino singular + Sustantivo femenino singular = adjetivo masculino plural.

Marta y Sebastián son altos.
Un pañuelo y una corbata blancos.

Usa los *adjetivos calificativos*:

- **Para añadir información sobre una persona, animal o cosa:**

    ser + adjetivo = *Sebastián es simpático.*
    sustantivo + adjetivo = *Tiene el pelo corto.*

Ejercicios

1. Lee la clave y colorea. Luego completa las descripciones.

| 1 amarillo | 2 azul | 3 blanco | 4 gris | 5 marrón | 6 naranja | 7 negro | 8 rojo | 9 rosa | 10 verde |

1. Ricardo lleva un sombrero verde, una chaqueta _____, una camisa _____, una corbata _____, pantalones _____, y zapatos _____.

2. Ana lleva una gorra _____, una blusa _____, un jersey _____, una falda _____, calcetines _____ y deportivas _____.

3. Luisa lleva un jersey _____, unos pantalones _____ y botas _____.

4. Mario lleva una chaqueta y pantalones _____, una camisa _____, zapatos _____ y un sombrero _____.

2. **Completa las descripciones de estos desaparecidos.**

(1) Estatura: *Alta,* pelo _____ y _____. Ojos _____. Boca _____, nariz _____ y orejas _____.

(2) Estatura: _____, pelo _____ y _____. Ojos _____. Boca _____, nariz _____ y orejas _____.

(3) Estatura: _____, pelo _____ y _____. Ojos _____. Boca _____ nariz _____ y orejas _____.

(4) Estatura: _____, pelo _____ y _____. Ojos _____. Boca _____ nariz _____ y orejas _____.

3. **Completa las descripciones con los adjetivos entre paréntesis.**

Estos son Toni y Rafaela. Son una pareja _____ (feliz). Toni es _____ (bajo) y _____ (gordo). Es _____ (moreno), y tiene el pelo _____ (corto). Tiene los ojos _____ (verde) y es muy _____ (alegre).

Rafaela es _____ (alto) y _____ (delgado). Es _____ (pelirrojo), y tiene el pelo _____ (largo) y _____ (liso).

Tiene los ojos _____ (castaño) y muy _____ (grande). Es muy _____ (simpático).

Toni y Rafaela tienen dos hijos, Felipe y Lola. Felipe y Lola son _____ (alto) y _____ (moreno). Lola tiene los ojos _____ (azul) y Felipe tiene los ojos _____ (negro). Son muy _____ (simpático) y _____ (alegre).

4. Descríbete a ti mismo y a una persona del sexo contrario. Utiliza los adjetivos del recuadro.

| alto   azul   bajo   castaño   delgado   gordo   grande   largo   liso   moreno |
| negro   normal   pelirrojo   pequeño   rubio   verde |

Soy ....
Tengo el pelo ....
Tengo los ojos ....
Tengo la nariz .... ,
la boca .... y
las orejas ....

Es ....
Tiene el pelo ....
Tiene los ojos ....
Tiene la nariz .... ,
la boca .... y
las orejas ....

5. Busca el significado de los adjetivos del recuadro en un diccionario. Luego utilízalos para completar las frases.

| difícil   fácil   lento   peligroso   útil   veloz   venenoso |

a. El español es _____.

b. Las matemáticas son _____.

c. Los caballos son _____.

d. Algunas serpientes son _____.

e. Los diccionarios son _____.

f. El chino es _____.

g. La informática es _____.

h. Las tortugas son _____.

i. Los tiburones son _____.

j. Las armas son _____.

8 Un coche español

Adjetivos de nacionalidad

	SINGULAR		PLURAL	
	Masculino	Femenino	Masculino	Femenino
	-o	-a	-os	-as
	argent**ino**	argent**ina**	argent**inos**	argent**inas**
	brasil**eño**	brasil**eña**	brasil**eños**	brasil**eñas**
	ital**iano**	ital**iana**	ital**ianos**	ital**ianas**
	mexic**ano**	mexic**ana**	mexic**anos**	mexic**anas**
	pol**aco**	pol**aca**	pol**acos**	pol**acas**
	-consonante	-cons. +a	-cons. +es	-cons. +as
	alem**án**	alem**ana**	alem**anes**	alem**anas**
	españ**ol**	españ**ola**	españ**oles**	españ**olas**
	franc**és**	franc**esa**	franc**eses**	franc**esas**
	portugu**és**	portugu**esa**	portugu**eses**	portugu**esas**

uso JUNIOR elemental

Igual terminación

-a, -e   **+ -s**

belga   *belga*   *belgas*   *belgas*

canadiense   *canadiense*   *canadienses*   *canadienses*

-i   **+ es**

marroquí   *marroquí*   *marroquíes*   *marroquíes*

Sustantivo masculino singular + Sustantivo femenino singular = adjetivo masculino plural

Jorge es mexicano.   *Lucía es mexicana.*

Jorge y Lucía son mexicanos.

Ejercicios

1. Completa la tabla siguiente.

	Singular		Plural	
	masculino	femenino	masculino	femenino
	australiano			
	cubano			
	etíope			
	japonés			
	paquistaní			
	tunecino			
	uruguayo			
	chileno			
	ecuatoriano			
	panameño			

2. Sigue las líneas y descubre la nacionalidad de los personajes.

canadiense estadounidense griego indio irlandés japonés marroquí panameño uruguayo venezolano

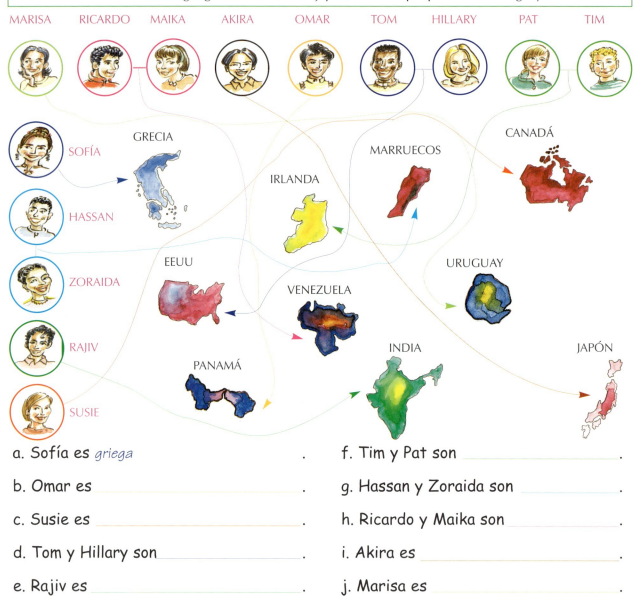

a. Sofía es *griega*.
b. Omar es _____.
c. Susie es _____.
d. Tom y Hillary son _____.
e. Rajiv es _____.

f. Tim y Pat son _____.
g. Hassan y Zoraida son _____.
h. Ricardo y Maika son _____.
i. Akira es _____.
j. Marisa es _____.

3. ¿De dónde son? Observa y completa las frases. Utiliza los adjetivos del recuadro.

marroquí brasileño estadounidense argentino japonés griego polaco cubano chino

a.
b.
c.
d.
e.
f.

g.   h.   i.

a. Es un *sello polaco.*

b. Son unas _____ .   ف. Es un _____ .

c. Es un _____ .   g. Son unas _____ .

d. Es un _____ .   h. Es una _____ .

e. Es una _____ .   i. Son unos _____ .

4 - ¿Qué son los nombres siguientes? Completa las frases.

a. Sidney es una *ciudad australiana.*

b. Luigi es un _____ .

c. El Támesis es un _____ .

d. Nueva York es una _____ .

e. Pierre es un _____ .

f. Creta es una _____ .

g. Ignacio es un _____ .

h. El Ebro es un _____ .

i. Montreal es una _____ .

j. Lanzarote es una _____ .

k. Bombay es una _____ .

l. Akira es un _____ .

m. El Tíber es un _____ .

n. Vladimir es un _____ .

ñ. San Petersburgo es una _____ .

o. El Ganges es un _____ .

p. Sicilia es una _____ .

CARMEN

nombre

río   isla

ciudad

australiano
canadiense
español
estadounidense
francés
griego
indio
inglés
italiano
japonés
ruso

9 Yo, tú, él, ella...

Pronombres personales sujeto

SINGULAR

Masculino	Femenino	Masculino	Femenino	Masculino	Femenino
yo		**tú***		**él**	**ella**
		usted			

PLURAL

Masculino	Femenino	Masculino	Femenino	Masculino	Femenino
nosotros	**nosotras**	**vosotros****	**vosotras****	**ellos**	**ellas**
		ustedes			

*Tú = vos en Argentina, Uruguay, Paraguay y otros lugares de Hispanoamérica.

**Vosotros = ustedes en toda Hispanoamérica.

Masculino + femenino = plural masculino

él, ella y yo = **nosotros**   él, ella y tú = **vosotros**   él y ella = **ellos**

Usa yo, tú, él...:

- **Para indicar la persona de la que se dice algo (sujeto):**

¿Es usted la madre de Antonio?

- **Para identificar:**

-¿Quién es Alberto López?
*Soy yo.

En español, los verbos no necesitan normalmente un pronombre sujeto.

~~Yo~~ soy estudiante.

Úsalos para contrastar...   Somos brasileñas. Luisa es de São Paulo y yo soy de Baurú.

... y con otras personas: Tu hermano y tú sois muy simpáticos.

Ejercicios

1. Escribe el pronombre personal adecuado.

a. Sara: *ella*.

b. Sara y Rosa: _____.

c. Rosa y Antonio: _____.

d. Antonio: _____.

e. Antonio y José: _____.

f. Mi hermano y yo: _____.

g. Tu hermana y tú: _____.

h. Tus padres: _____.

i. Mis amigas: _____.

j. Rosa y yo: _____.

k. Pedro, tú y yo: _____.

l. Antonio, Rosa y tú: _____.

2. Completa con el pronombre personal adecuado sólo si es necesario.

a. Paola es italiana. _____ es de Nápoles.

b. ¿De dónde son Hans y Uta? _____ es alemana y _____ es suizo.

c. ¿De dónde eres _____? _____ soy alemana.

d. ¿De dónde sois Vinicius y _____? _____ somos brasileños.

3. Lee la información y completa las frases con los nombres y pronombres sujeto.

	Jorge	Esther	Daniel	Carmen	Amalia	Merche	Julio	Luci
País	Argentina	México	Uruguay	España	Argentina	España	México	Uruguay
Ciudad	Buenos Aires	Monterrey	Montevideo	Madrid	Córdoba	Cádiz	C. de México	Paysandú
Profesión	Violinista	Pianista	Profesor de inglés	Profesora de español	Estudiante de Arquitectura	Tenista	Futbolista	Estudiante de Medicina

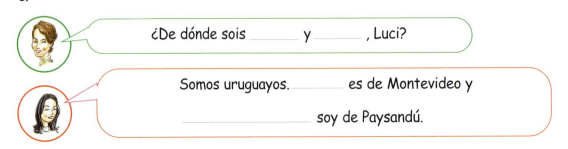

44   uso **JUNIOR** elemental

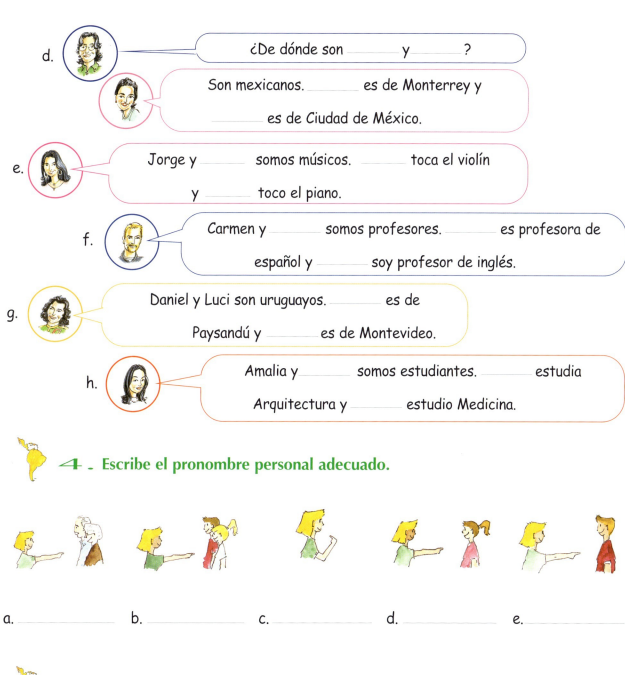

4. Escribe el pronombre personal adecuado.

a. _____ b. _____ c. _____ d. _____ e. _____

5. Escribe el pronombre personal adecuado sólo si es necesario.

Vamos a repasar. Temas 7-8-9

1. Escribe el adjetivo en la forma correcta.

1. Una bici _____ (azul)	11. Una camisa _____ (amarillo)
2. Un bolígrafo _____ (rojo)	12. Unos pantalones _____ (marrón)
3. Unos zapatos _____ (negro)	13. Una chaqueta _____ (gris)
4. Un sombrero _____ (azul)	14. Unos calcetines _____ (gris)
5. Un pañuelo _____ (rosa)	15. Unos pantalones y una camisa _____ (negro)
6. Una gorra _____ (verde)	16. Una falda _____ (corto)
7. Una camisa _____ (rosa)	17. Un hombre _____ (guapo)
8. Unas chicas _____ (simpático)	18. Un coche _____ (lento)
9. Un animal _____ (venenoso)	19. Una asignatura _____ (difícil)
10. Una mujer _____ (joven)	20. Una profesora _____ (amable)

20

2. Completa las frases.

¡Hola! Me llamo Julia. Soy _____(1)_____ (uruguayo). Soy _____(2)_____ (delgado) y no muy _____(3)_____ (alto). Soy _____(4)_____ (rubio). Tengo el pelo _____(5)_____ (largo) y _____(6)_____ (rizado). Tengo los ojos _____(7)_____ (castaño). Mis padres son _____(8)_____ (joven). Mi madre es muy _____(9)_____ (simpático). Es _____(10)_____ (moreno) y tiene el pelo _____(11)_____ (corto) y _____(12)_____ (liso). Tiene los ojos _____(13)_____ (negro) y muy _____(14)_____ (grande). Mi padre es _____(15)_____ (bajo) y _____(16)_____ (gordo). Es muy _____(17)_____ (alegre). Es _____(18)_____ (rubio) como yo y tiene los ojos _____(19)_____ (verde). Son unos padres muy _____(20)_____ (bueno).

20

3. Completa las frases.

1. Edimburgo y Glasgow son ciudades _____ (escocés)
2. Rajiv es un nombre _____ (indio)
3. Corfú y Creta son islas _____ (griego)
4. Córdoba y Rosario son ciudades _____ (argentino)
5. Varsovia es una ciudad _____ (polaco)
6. São Paulo y Río de Janeiro son ciudades _____ (brasileño)
7. Akiro y Shashuki son nombres _____ (japonés)
8. La rupia es la moneda _____ (indio)
9. El dinar es la moneda _____ (marroquí)
10. El franco suizo es la moneda _____ (suizo)
11. El dólar es la moneda _____ (estadounidense)
12. Córdoba y Sevilla son ciudades _____ (español)
13. Uta y Hans son nombres _____ (alemán)
14. La Isla de la Juventud es una isla _____ (cubano)
15. Pierre y Paul son nombres _____ (francés)

15

4. Completa las frases con *yo, tú...* sólo si es necesario.

Pierre y _____ somos franceses. _____ somos de París.

Estos son Antonio y Ana. _____ es venezolano y _____ es española.

Perdón, ¿es _____ el señor Torres?

Sí, soy _____. ¿Y _____ quiénes sois?

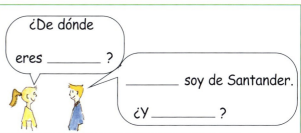

¿De dónde eres _____?

_____ soy de Santander. ¿Y _____?

50 — 65: Vas muy bien.
33 — 49: Vas bien.
 0 — 32: Tienes que repasar más.

65

10

10 Soy profesor

Verbo ser: Presente de Indicativo

(yo)	soy
(tú)*	eres
(usted)	es
(él, ella)	es
(nosotros/as)	somos
(vosotros/as)**	sois
(ustedes)	son
(ellos/as)	son

  *(vos) sos   **(ustedes) son

 Usa ser:

- **Para identificar:**
*Esos **son** mis padres.*

- **Para la profesión:**
***Soy** profesor.*

- **Para la nacionalidad o procedencia:**
***Somos** chilenas.*

- **Para la relación o parentesco:**
*Juan y yo **somos** amigos.*

- **Para las descripciones físicas:**
*Tu madre **es** muy alta.*

- **Para cualidades:**
***Sois** muy simpáticas.*

- **Para la hora:**
*-¿Qué hora **es**, por favor?*
******Son** las cinco.*

48   uso JUNIOR elemental

Ejercicios

1. Completa las frases con las formas del Presente de Indicativo de *ser*.

2. Identifica los objetos de las fotografías.

a. *La número uno es un botón.*
b. _____ plátanos.
c. _____ lápices.
d. _____ un reloj.
e. _____ caramelos.
f. _____ una naranja.
g. _____ una bicicleta.
h. _____ una moto.
i. _____ insignias.

3. Observa la ilustración y escribe. ¿Qué dicen los personajes?

João   Silvia   Rosa   Miriam   Ernesto

a. Rosa: *Miriam es chilena.*
b. Silvia: _____ y _____ _____ argentinos.
c. Ernesto: _____ _____ brasileño.
d. Miriam: _____ y _____ _____ estudiantes.
e. João: _____ _____ fotógrafa.
f. Miriam: _____ pintora.
g. Ernesto: _____ _____ profesora.
h. Silvia: _____ y _____ _____ rubias.
i. João: _____ _____ morena.
j. Rosa: _____ y _____ _____ morenos.
k. Ernesto: _____ y _____ _____ altas.
l. Rosa: _____ baja.
m. João: _____ y _____ altos.

4. Completa las frases en la forma afirmativa o negativa.

a. Mi madre *es/no es* muy alta.

b. Mis padres _____ jóvenes.

c. Mi madre _____ abogada.

d. Mi padre _____ profesor.

e. Yo _____ estudiante.

f. Mi compañero/a y yo _____ jóvenes.

g. Mi padre _____ moreno.

h. Mi madre _____ rubia.

i. Yo _____ rubio/a.

j. Mi casa _____ muy grande.

k. Yo _____ muy alto/a.

l. Mi profesor/a _____ español/a.

m. Mi compañero/a y yo _____ inteligentes.

n. Mi compañero/a _____ muy simpático/a.

ñ. Mi compañero/a y yo _____ amigos/as.

5. Completa las frases con las formas del Presente de Indicativo de *ser*.

a.

¿_____ ustedes peruanas?

¿_____ estudiantes?

¿_____ hermanas?

_____ ustedes muy simpáticas.

No, _____ ecuatorianas.

Yo _____ estudiante, pero Laila _____ enfermera.

No, _____ primas.

Gracias.

b.

¿_____ ustedes los padres de Claudia?

Sí. Y vos _____ María, ¿no?

c.

Perdón, ¿vos _____ Eduardo Latorre?

No, _____ su hermano.

d.

¡Hola! _____ Marta.

_____ argentina. ¿Y vos?

Yo _____ Pablo. ¿De dónde _____?

_____ uruguayo.

e.

¿_____ mexicano?

¿_____ ecuatoriano?

¿_____ peruano?

Frío.

Caliente.

Sí.

uso JUNIOR elemental 51

11 Esa moto

Demostrativos:
este, esta, estos, estas

	SINGULAR	PLURAL
Masculino	este	estos
Femenino	esta	estas

ese, esa, esos, esas

	SINGULAR	PLURAL
Masculino	ese	esos
Femenino	esa	esos

esto, eso

Fíjate en que *este/esta/estos/estas, ese/esa/esos/esas*:

- **Pueden ir con un sustantivo:**
Quiero esas gafas de sol, por favor.

- **O pueden ir solos:**
¿Estas?

- **Y *esto, eso* siempre van solos:**
¿De quién es eso?

Usa este/esta/estos/estas:

- **Para señalar algo próximo:**

¿De quién es este boli?

- **Para presentar:**

Esta es mi hermana.

Usa ese, esa, esos, esas:

- **Para señalar algo alejado:**

¿De quién es esa moto?

Usa esto, eso:

- **Cuando no sabes el nombre de algo:**

¿Qué es esto?

- **Cuando no es necesario decir el nombre de algo:**

¿De quién es eso?

Ejercicios

1. Completa las preguntas con *este, esta, estos* o *estas* y las palabras del recuadro.

| coco   cuaderno   gafas   gorra   guantes   lápices   libro   manzana   pluma   sacapuntas |

a. ¿De quién es *esta manzana*?

b. ¿De quién son _____?

c. ¿De quién es _____?

d. ¿De quién es _____?

e. ¿De quién es _____?

f. ¿De quién es _____?

g. ¿De quién son _____?

h. ¿De quién es _____?

i. ¿De quién es _____?

j. ¿De quién son _____?

2. Completa las preguntas con *ese, esa, esos,* o *esas* y las palabras del recuadro.

billete   botas   calcetines   corbata   cuchillo   foto   manzana
muñeca   reloj   tijeras   zapatos

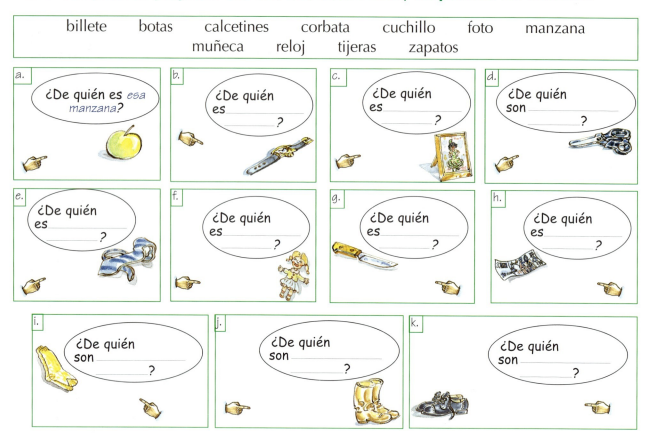

3. Completa las preguntas con *este, esta, estos, estas* o *ese, esa, esos, esas* y las palabras del recuadro.

calcetines   cometa   corbata   gafas   guantes   chaquetas   libro   lápiz   reloj
uvas   vaqueros   zapatos   bicicleta   cuchara

4. Observa y completa con este/a/os/as, ese/a/os/as.

a.  Mira, *esta* es mi madre.

b.  _____ es mi padre.

c.  _____ es mi hermana.

d.  _____ es mi hermano.

e.  _____ es mi casa.

f.  _____ es Pepe, un amigo.

g.  _____ es Ana, una compañera de clase.

h.  ¿Quién es _____ señor?

i.  ¿Quiénes son _____ chicas?

j.  Quiero _____ llavero. Y yo quiero _____.

k.  Mira, _____ son mis hijos.

l.  ¿Quiénes son _____ chicos?

m.  Quiero _____ libro. ¿_____?

n.  Quiero _____ pluma. ¿_____?

ñ.  Quiero _____ postal.

o.  Mira, _____ es mi profesora.

5. Observa y completa con esto o eso.

a.  ¿Qué es _____?

b.  ¿Qué es _____?

c.  ¿De quién es _____?

d.  ¿Qué es _____?

12 Mis padres

Adjetivos posesivos: mi, tu...

SINGULAR

	Masculino	Femenino
(yo)	mi	mi
(tú)	tu	tu
(usted)	su	su
(él, ella)	su	su
(nosotros/as)	nuestro	nuestra
(vosotros/as)*	vuestro	vuestra
(ustedes)	su	su
(ellos, ellas)	su	su

 *(ustedes) su, su

PLURAL

	Masculino	Femenino
(yo)	mis	mis
(tú)	tus	tus
(usted)	sus	sus
(él, ella)	sus	sus
(nosotros/as)	nuestros	nuestras
(vosotros/as)*	vuestros	vuestras
(ustedes)	sus	sus
(ellos, ellas)	sus	sus

 *(ustedes) sus, sus

Mi, tu, su ... + sustantivo:

Mi padre es dentista.
Nuestra profesora es argentina.

uso JUNIOR elemental

Ejercicios

1. Completa las frases con *mi, tu, su...*

a. ¿Cuál es *tu* color preferido? — El blanco.
b. Christina Aguilera es ___ cantante preferida.
c. ¿Quién es ___ actriz preferida? — Salma Hayek.
d. ¿Y ___ cantante preferido?
e. ___ color preferido es el negro.
f. ¿Cuál es ___ coche?
g. ¿Cuáles son ___ perros?
h. ___ deporte preferido es el fútbol.
i. ¿Quién es ___ profesor? — El Sr. Cela.

2. ¿Quién está en las fotos? Completa las frases con *mi, tu, su...*

a. Alicia y *su* hermano.
b. El señor Alonso, ___ mujer y ___ hijos.
c. Yo y ___ padres.
d. Luis y ___ amigos, Jorge y Antonio.
e. Elena y ___ abuelos.
f. Alicia y Juan y ___ abuelos.
g. Jesús y ___ hermanas.
h. Ana y ___ amiga Elena.
i. ___ marido y yo, y ___ dos hijos.

3. Completa los huecos con los posesivos del recuadro.

su   su   sus

Luisa y Pedro son españoles pero _____ padres son peruanos. _____ padre es pintor y _____ madre es secretaria.

mi   mi   su   su

¡Hola! Me llamo Toni. Tengo dos hermanos, un hermano y una hermana. _____ hermano se llama Arturo, y _____ deporte preferido es la natación, y _____ hermana se llama Maite. _____ cantante preferido es Ricky Martin.

mi   mi   mis

Hola. Me llamo José pero soy inglés. _____ padre es inglés y _____ madre es española. Algunos de _____ amigos también son españoles.

4. Completa las preguntas a partir de las respuestas.

a. Mi padre es ####.   ¿Qué es tu *padre*?

b. Mi madre se llama ####.   ¿Cómo se llama _____?

c. Mis hermanas tienen #### años.   ¿Cuántos años tienen _____?

d. Mis tíos tienen un ####.   ¿Qué tienen _____?

e. Mis primas tienen #### años.   ¿Cuántos años tienen _____?

f. Nuestro profesor se llama ####.   ¿Cómo se llama _____?

g. Nuestros compañeros son de ####.   ¿De dónde son _____?

h. Vuestra profesora tiene ####.   ¿Cuántos años tiene _____?

i. Vuestro profesor es de ####.   ¿De dónde es _____?

j. Nuestras vecinas son ####.   ¿De dónde son _____?

k. Vuestros compañeros tienen un ####. ¿Qué tienen _____?

l. Nuestra profesora es de ####.   ¿De dónde es _____?

5. Lee y completa las frases.

	número	color	comida	bebida	deporte
Javi	cinco	azul y blanco	tortilla de patatas	leche	esquí
Ana	cinco	rojo y negro	tortilla de patatas	zumo de naranja	esquí
Pepe	tres	azul y blanco	arroz	agua	fútbol y baloncesto

a. *Mi número preferido* es el tres.

b. _____ es el cinco.

c. _____ son el azul y el blanco.

d. _____ son el rojo y el negro.

e. _____ es la tortilla de patatas.

f. _____ es el zumo de naranja.

g. _____ es el agua.

h. _____ es la leche.

i. _____ es el esquí.

j. _____ son el fútbol y el baloncesto.

6. Completa las frases.

a. ¿Cuál es _____ teléfono?

b. ¿Quiénes son _____ padres?

c. ¿Quién es _____ profe de matemáticas?

d. ¿Quién es _____ actriz preferida?

13 Un, dos, tres...

Números

0 cero	10 diez	20 veinte
1 uno/un, una	11 once	21 veintiuno/veintiún/veintiuna
2 dos	12 doce	22 veintidós
3 tres	13 trece	23 veintitrés
4 cuatro	14 catorce	24 veinticuatro
5 cinco	15 quince	25 veinticinco
6 seis	16 dieciséis	26 veintiséis
7 siete	17 diecisiete	27 veintisiete
8 ocho	18 dieciocho	28 veintiocho
9 nueve	19 diecinueve	29 veintinueve

- 30 treinta
- 31 treinta y uno/treinta y un, treinta y una
- 32 treinta y dos
- 40 cuarenta
- 50 cincuenta
- 60 sesenta
- 70 setenta
- 80 ochenta
- 90 noventa
- 100 cien
- 101 ciento uno/ciento un, ciento una
- 200 doscientos, doscientas
- 300 trescientos, trescientas
- 400 cuatrocientos, cuatrocientas
- 500 quinientos, quinientas
- 600 seiscientos, seiscientas
- 700 setecientos, setecientas
- 800 ochocientos, ochocientas
- 900 novecientos, novecientas
- 1.000 mil
- 2.000 dos mil
- 1.000.000 un millón
- 2.000.000 dos millones

56: cincuenta y seis
112: ciento doce
378: trescientos setenta y ocho
1.005: mil cinco
5.624: cinco mil seiscientos veinticuatro
725.350: setecientos veinticinco mil trescientos cincuenta
1.250.000: un millón doscientos cincuenta mil
3.575.000: tres millones quinientos setenta y cinco mil

Usa los números:

- **Para hablar de cantidades:**

  Madrid tiene *cuatro millones* de habitantes.

- **Para decir los años y los días del mes:**

  -¿En qué año naciste?
  *En *mil novecientos ochenta y siete.*

  -¿Cuándo es tu cumpleaños?
  *El *uno* de diciembre.

- **Para decir el número de teléfono:**

  Mi número de teléfono es el **nueve, uno, cinco, cuatro, cero, dos, siete, cero, ocho.**

- **Para decir la edad:**

  -¿Cuántos años tienes?
  Quince.

- **Para decir la hora:**

  Las *tres* y *cinco*.

Ejercicios

1. Escribe los números con letras.

a. 12
b. 27
c. 36
d. 43
e. 79
f. 95
g. 105
h. 111
i. 666
j. 958
k. 1.010
l. 8.221
m. 15.737
n. 243.890
ñ. 1.358.210
o. 10.813.451

uso **JUNIOR** elemental

2. Lee la agenda y escribe los números de teléfono con letras.

3. Observa y completa.

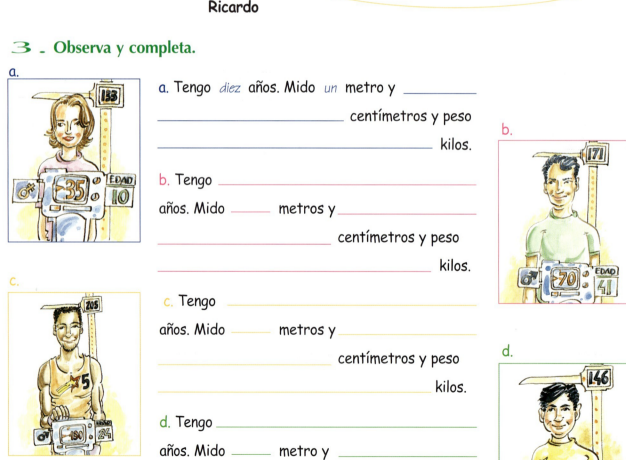

4. Escribe las fechas con letras.

a. 2010 / 1 / ENERO — Uno de enero de dos mil diez

b. 1995 / 26 / FEBRERO _____

c. 2009 / 3 / MARZO _____

d. 1931 / 14 / ABRIL _____

e. 1812 / 2 / MAYO _____

f. 2015 / 30 / JUNIO _____

g. 2001 / 5 / JULIO _____

h. 1975 / 7 / AGOSTO _____

i. 1999 / 13 / SEPTIEMBRE _____

j. 1949 / 31 / OCTUBRE _____

k. 2005 / 15 / NOVIEMBRE _____

l. 1942 / 25 / DICIEMBRE _____

5. ¿Cómo se dicen las siguientes horas?

a. Las tres y _____ .   b. La _____ menos _____ .   c. Las _____ y _____ .

d. Las _____ y _____ .   e. Las _____ menos _____ .   f. Las _____ .

6. **Escribe la población de estos países y ciudades con letras.**

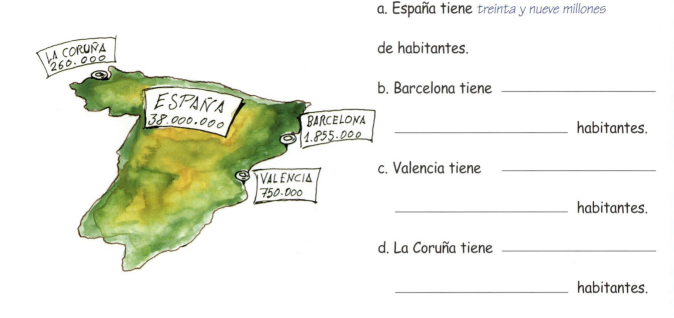

a. **España tiene** *treinta y nueve millones* de habitantes.

b. Barcelona tiene _____ _____ habitantes.

c. Valencia tiene _____ _____ habitantes.

d. La Coruña tiene _____ _____ habitantes.

e. Argentina tiene _____ _____ habitantes.

f. Buenos Aires tiene _____ _____ de habitantes.

g. Córdoba tiene _____ _____ habitantes.

h. Chile tiene _____ _____ habitantes.

i. Santiago tiene _____ _____ habitantes.

7. Sigue las líneas y responde a las preguntas.

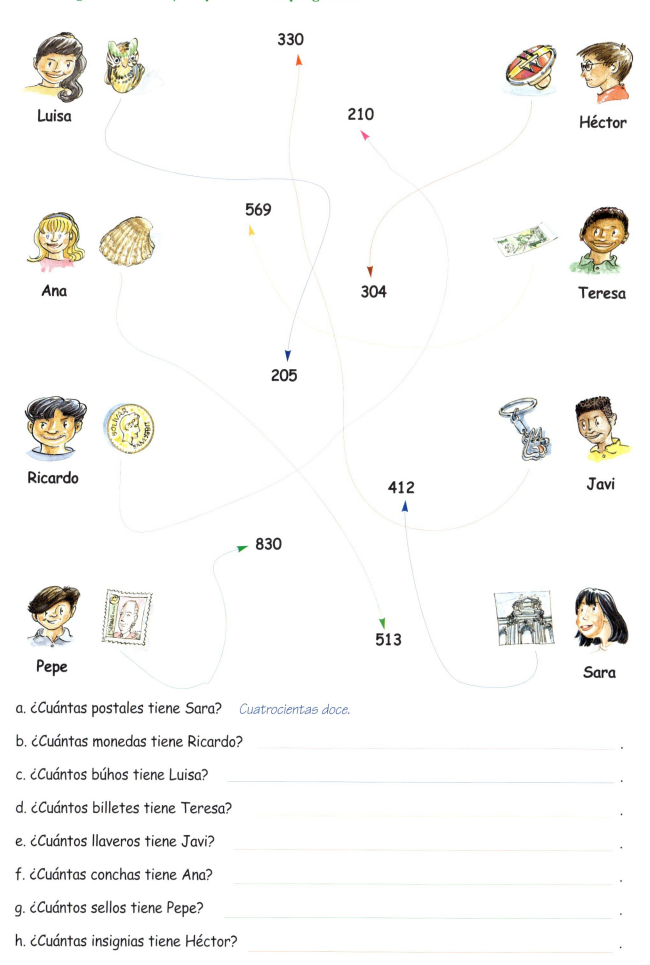

a. ¿Cuántas postales tiene Sara? *Cuatrocientas doce.*

b. ¿Cuántas monedas tiene Ricardo? _____.

c. ¿Cuántos búhos tiene Luisa? _____.

d. ¿Cuántos billetes tiene Teresa? _____.

e. ¿Cuántos llaveros tiene Javi? _____.

f. ¿Cuántas conchas tiene Ana? _____.

g. ¿Cuántos sellos tiene Pepe? _____.

h. ¿Cuántas insignias tiene Héctor? _____.

Vamos a repasar. Temas 10-11-12-13

1. Completa las frases con el Presente de Indicativo del verbo *ser*.

- Luis y yo ___(1)___ hermanos.
- -¿Qué hora ___(2)___, por favor?
  * ___(3)___ las cuatro.
- -¿De dónde ___(4)___ Luis y tú?
  * ___(5)___ peruanos.
- Mi madre ___(6)___ muy simpática.
- -¿___(7)___ usted la madre de Rosa?
  * Sí, y tú, ¿quién ___(8)___?
- -¡Hola! Me llamo Juan y ___(9)___ español.
  * Yo ___(10)___ Ricky.
- -¿De dónde ___(11)___?
  * ___(12)___ inglés.
- ¿___(13)___ ustedes los padres de Ana?
- Mis hermanas ___(14)___ muy altas.
- -¿Qué ___(15)___ eso?
  * ___(16)___ un bolígrafo.
- Mi compañero y yo ___(17)___ muy inteligentes.
- -¿___(18)___ usted profesor?
  * No, ___(19)___ médico. ¿Y tú?
  - Yo ___(20)___ estudiante.

20

2. Observa y completa con este/a/os/as, ese/a/os/as, o esto/eso.

1. Mira, _____ es mi padre.

2. y _____ es mi madre.

3. ¿Qué es _____?

4. ¿Quién es _____ señora?

5. ¿Quiénes son _____ chicos?

6. ¿De quién es _____ regla?

7. Mira, _____ son mis hijos.

8. ¿De quién es _____ libro?

9. ¿De quién son _____ tijeras?

9

3. Completa las frases con *mi, tu, su...*

• -¿Cuál es _____ color preferido, Alberto?

 * El rojo.

• -¿Cómo se llaman _____ hermanas, Fede?

 * Reme y Alicia.

• -Juan, Alonso, ¿dónde están _____ libros?

• -Perdón, señora. ¿Es este _____ sombrero?

• -¿Cómo se llaman _____ hijos, Sr. López?

 * Victoria y Carlos.

• - _____ hermana se llama Sandra y _____ deporte preferido es el tenis.

• -Mira, esa es Sonia. _____ hijo es escritor.

• -¿Cómo se llama _____ madre, Luis?

• -No me gusta el negro. _____ colores preferidos son el blanco y el rojo.

4. Escribe los números en letras.

• 3 euros _____ .

• Mi número de teléfono es el 91 447 30 19 _____ .

• 2/6/2003 _____ de junio de _____ .

 Las _____ y _____ .

 La _____ menos _____ .

• Ecuador tiene 12.450.000 _____ habitantes.

• Costa Rica tiene 3.933.000 _____ habitantes.

37 — 49: Vas muy bien.
25 — 36: Vas bien.
0 — 24: Tienes que repasar más.

14 Tengo dos hermanos

Verbo tener: Presente de Indicativo

(yo)	tengo
(tú)*	tienes
(usted)	tiene
(él, ella)	tiene
(nosotros/as)	tenemos
(vosotros/as)**	tenéis
(ustedes)	tienen
(ellos, ellas)	tienen

*(vos) tenés   **(ustedes) tienen

Usa tener:

- **Para expresar la posesión:**

Tenemos un perro.

- **Para decir la edad:**

Mi hermana tiene catorce años.

- **Para describir una persona, objeto o lugar:**

Antonio tiene los ojos negros.
Mi casa tiene cinco habitaciones.

- **Para hablar de la familia:**

Tengo un hermano y una hermana.

68   uso JUNIOR elemental

- **Para expresar algunas sensaciones físicas y enfermedades:**

hambre   sed   frío   calor   miedo   sueño   fiebre   gripe

¿Tenéis sed?
Tengo un poco de fiebre.

Ejercicios

1. Lee la información y completa lo que dicen los personajes con las formas adecuadas de *tener*.

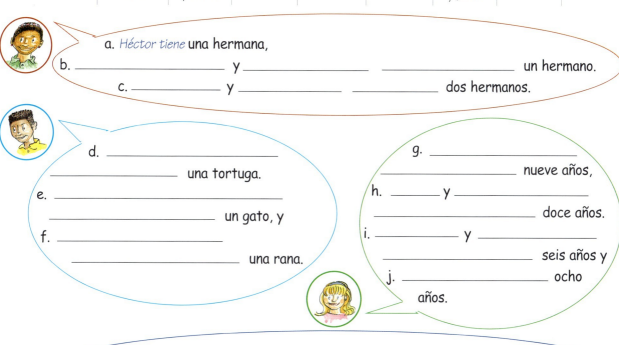

2. Completa con las formas adecuadas de tener.

_____ tres hijos. Marta y Alicia _____ ocho años y Pedro _____ doce. Pedro _____ el pelo negro, como yo, pero las niñas _____ el pelo rubio como su padre.

En casa _____ muchos animales. Mi padre _____ un perro, mi madre _____ dos gatos, mis hermanas _____ un hámster y dos tortugas y yo _____ una serpiente y ocho peces.

_____ una casa grande. _____ un salón, una cocina y cinco dormitorios. Yo _____ una habitación y mi hermana otra. Mi habitación es muy bonita. _____ un ordenador y _____ pósters en la pared.

3. ¿Qué les pasa? Escribe frases con el presente de *tener* y las palabras del recuadro.

| calor | fiebre | frío | gripe | hambre | miedo | sed | sueño |

a. Tengo fiebre. ¿Qué te pasa?

b. _____

c. ¿_____? Sí, mucho.

d. _____

e. _____

f. ¿Qué les pasa? _____

g. _____

h. ¿Qué le pasa? _____

4. Completa las frases en la forma afirmativa o negativa.

a. *Tengo/No tengo* un diccionario de español.
b. Mi casa _____ 5 dormitorios.
c. Mi casa _____ calefacción.
d. (Yo) _____ mucho dinero.
e. Mi compañero/a _____ once años.
f. (Yo) _____ las orejas grandes.
g. Mi compañero/a y yo _____ calor.
h. (Yo) _____ hambre.
i. Mi compañero/a _____ fiebre.
j. Mis padres _____ amigos en Argentina.
k. Mi casa _____ ascensor.
l. Mis padres _____ mucho dinero.
m. (Yo) _____ muchos amigos.
n. Mi compañero/a _____ los ojos azules.
ñ. Mi madre _____ el pelo largo.
o. Mi profesor/a _____ el pelo rizado.
p. (Yo) _____ sueño.

5. Completa con las formas adecuadas de tener.

a. ¿Cuántos años _____ ? / Yo _____ catorce. / Trece. ¿Y vos?

b. ¿Cuántos años _____ ustedes?

c. Y usted, ¿cuántos años _____ ?

d. ¿_____ hermanos? / Sí, _____ dos hermanas.

e. _____ un poco de fiebre.

f. ¿_____ frío? / Sí, _____ gripe.

6. Completa las preguntas con las formas adecuadas de *tener*.

a. Tengo #### hermanos. ¿Cuántos hermanos _____?
b. Mi hermana y yo tenemos dos ####. ¿Qué _____ su hermana y vos?
c. Tenemos #### gatos. ¿Cuántos gatos _____?
d. Tengo #### pesos. ¿Cuántos pesos _____?
e. Tengo muchos amigos en ####. ¿Dónde _____ muchos amigos?
f. Mi primo y yo tenemos #### años. ¿Cuántos años _____?
g. Tenemos una casa en ####. ¿Dónde _____ una casa?
h. Tengo una tía en ####. ¿Dónde _____ una tía?

15
Estoy en Barcelona

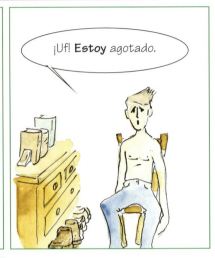

Verbo estar: Presente de Indicativo

(yo)	estoy
(tú)*	estás
(usted)	está
(él, ella)	está
(nosotros/as)	estamos
(vosotros/as)**	estáis
(ustedes)	están
(ellos, ellas)	están

 *(vos) estás   **(ustedes) están

Usa *estar*:

- Para indicar o preguntar por la situación de un lugar, objeto o persona:

  Estoy en Barcelona.
  ¿Dónde *está* mi camisa?
  Las Islas Canarias *están* en el Océano Atlántico.

- Para expresar algunos estados físicos y anímicos temporales:

 enfermo   cansado   agotado

 triste   contento   aburrido

¡Uf! *Estoy* agotado.

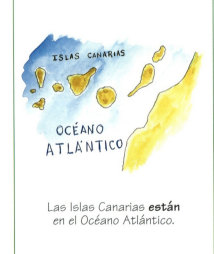

Las Islas Canarias **están** en el Océano Atlántico.

Ejercicios

1. Completa con la forma apropiada de *estar*.

a. ¡Jorge! ¿Dónde *estás*? _____ en Pisa.

b. ¿_____ cansado? No, _____ aburrido.

c. ¿Qué os pasa? _____ agotadas.

d. _____ muy contentos.

e. Mamá, ¿dónde _____ mi falda roja?

f. ¿Dónde _____ mis gafas?

g. ¿Dónde _____ Guatemala?

h. ¿Cómo _____ ustedes?

2. Completa los diálogos.

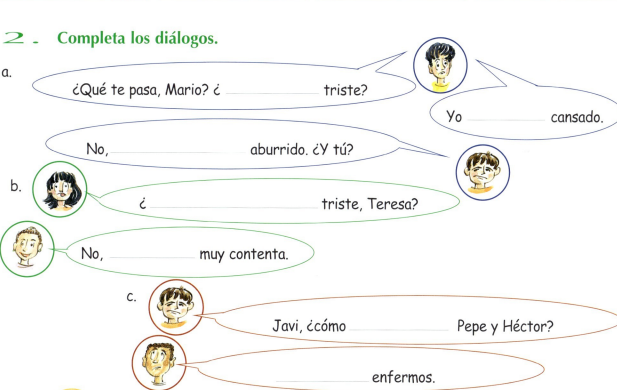

a. ¿Qué te pasa, Mario? ¿_____ triste?
Yo _____ cansado.
No, _____ aburrido. ¿Y tú?

b. ¿_____ triste, Teresa?
No, _____ muy contenta.

c. Javi, ¿cómo _____ Pepe y Héctor?
_____ enfermos.

d. Javi, ¿qué os pasa a Ana y a ti? ¿_____ cansados?
No, _____ tristes.

3. ¿Sabes dónde están estos lugares? Completa las frases.

Los Pirineos
Las Islas Baleares
Nicaragua
Las Islas Galápagos
Valencia
Cuba
Madrid
Chihuahua
Montevideo
Santiago de Chile
Porto Alegre
Los Andes

a. Valencia *está* en el este de España.
b. Las Islas Galápagos *están* en el Pacífico.
c. _____ en el centro de España.
d. _____ en el norte de México.
e. _____ en el sur de Brasil.
f. _____ en el norte de España.
g. _____ en América Central.
h. _____ en el Mediterráneo.
i. _____ en América del Sur.
j. _____ en el Caribe.
k. _____ en el sur de Uruguay.
l. _____ en el centro de Chile.

4. Sigue las líneas y completa las frases.

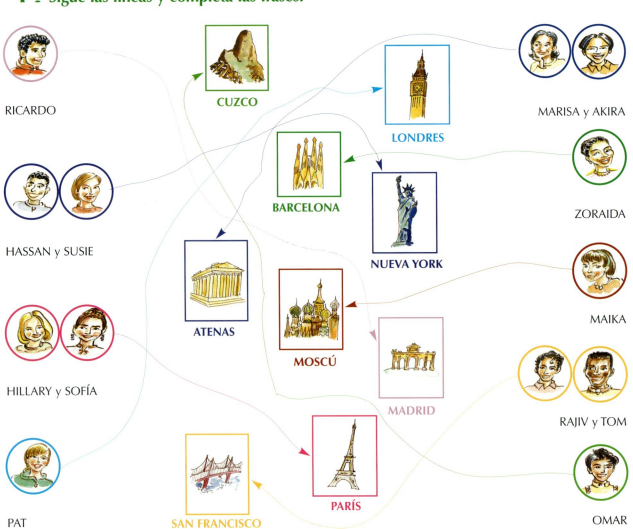

74 uso JUNIOR elemental

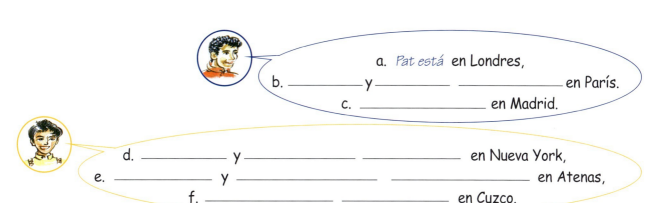

5. ¿Qué les pasa? Completa los bocadillos con *estar* y las palabras del recuadro.

aburrido   agotado   cansado   contento   enfermo   triste

 ## 6. Completa con la forma apropiada de *estar*.

16

¡Hay una televisión en el cuarto de baño!

Hay

HAY CON SUSTANTIVOS CONTABLES (libro, silla…):

Hay + (un/una) + sustantivo contable singular

Hay una televisión en el cuarto de baño.

Hay + (unos/unas, dos/tres/…) + sustantivo contable plural

Hay dos sillones en la cocina.

No hay + sustantivo contable singular
+ sustantivo contable plural

En Aldeavieja no hay cine.
En mi pueblo no hay bares.

HAY CON SUSTANTIVOS NO CONTABLES (leche, agua…):

(No) **Hay** + sustantivo no contable

¿Hay leche en la nevera?
No hay comida.

Usa *hay*:

- Para hablar de la existencia de algo:

Hay flores en el jarrón.
No hay agua en la botella.
En Madrid no hay playa, pero hay piscinas.

Ejercicios

1. **¿Qué hay en la nevera? Utiliza las palabras del recuadro.**

agua   carne   huevo   leche   naranja   pan   pescado   plátano   queso   yogur   zumo de naranja

a. *Hay leche.*

b. *Hay dos yogures.*

c. _____ .

d. _____ .

e. _____ .

f. _____ .

g. _____ .

h. _____ .

i. _____ .

j. _____ .

k. _____ .

2. **¿Qué hay en la maleta? Utiliza las palabras del recuadro.**

calcetín   calzoncillos   camisa   corbata   jersey   par de zapatos   periódico   pijama   revista   toalla   vaqueros

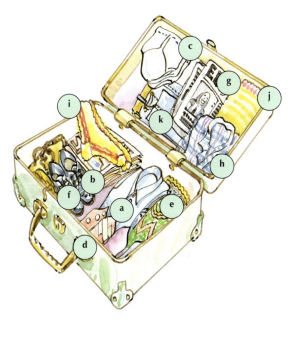

a. *Hay una camisa.*

b. *Hay unas revistas.*

c. _____ .

d. _____ .

e. _____ .

f. _____ .

g. _____ .

h. _____ .

i. _____ .

j. _____ .

k. _____ .

3. Observa la ilustración. ¿Qué hay en Aldeavieja?

a. (hospital) *No hay hospital.*

b. (bar) *Hay dos bares.*

c. (cine) _____ .

d. (colegio) _____ .

e. (campo de fútbol) _____ .

f. (polideportivo) _____ .

g. (tienda) _____ .

h. (parque) _____ .

i. (fábrica) _____ .

j. (iglesia) _____ .

k. (hotel) _____ .

l. (aeropuerto) _____ .

m. (estación de tren) _____ .

n. (estación de autobuses) _____ .

4. ¿Qué hay en tu ciudad?

a. (cine) *Hay dos/muchos cines.*

b. (playa) _____ .

c. (hospital) _____ .

d. (aeropuerto) _____ .

e. (polideportivo) _____ .

f. (campo de fútbol) _____ .

g. (colegio) _____ .

h. (iglesia) _____ .

i. (fábrica) _____ .

j. (hotel) _____ .

5. Encuentra las siete diferencias. Utiliza las palabras del recuadro.

| armario | cama | ducha | nevera | silla | sillón | televisión |

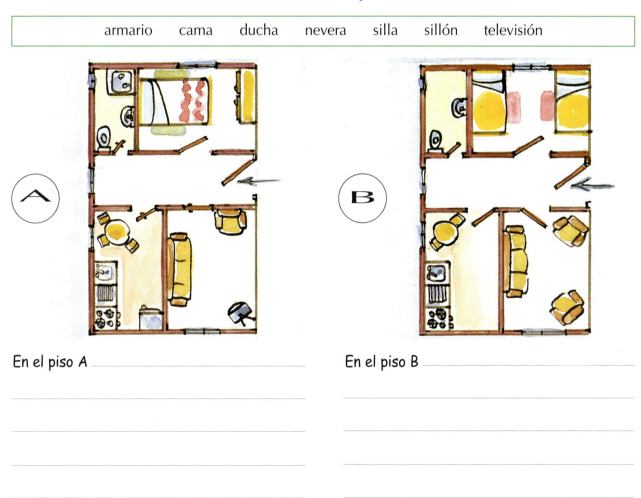

En el piso A _____

En el piso B _____

uso *JUNIOR* elemental

Vamos a repasar. Temas 14-15-16

1. Completa las frases con el Presente de Indicativo de *tener*:

- -¿Cuántos años _____(1)_____ ?
  * _____(2)_____ doce. ¿Y tú?
  - _____(3)_____ trece.

- -¿Cuántos años _____(4)_____ ?
  * _____(5)_____ once y mi hermana _____(6)_____ nueve.

- -Jorge y su hermano _____(7)_____ unas orejas muy grandes.

- - ¿Qué te pasa?
  * _____(8)_____ hambre.

- -¿ _____(9)_____ hambre, Jorge?
  * No, _____(10)_____ sueño.

10

2. Completa con el Presente de Indicativo de *tener*.

Me llamo Alberto. _____(1)_____ dos hijos, Lali y Víctor. Lali _____(2)_____ quince años y Víctor _____(3)_____ trece. Son muy simpáticos y _____(4)_____ muchos amigos. Los dos _____(5)_____ el pelo rubio y los ojos verdes. Mi mujer y yo también _____(6)_____ el pelo rubio y los ojos verdes.

En casa _____(7)_____ muchos animales. Lali y Víctor _____(8)_____ un perro y dos tortugas. Mi mujer _____(9)_____ dos gatos y yo _____(10)_____ un caballo.

10

3. Completa con el Presente de Indicativo de *estar*.

- -Cuba _____(1)_____ en el Mar Caribe.
- -Lali y Víctor _____(2)_____ contentos.
- -¿Dónde _____(3)_____ Jorge?
  * _____(4)_____ en Lima.
- -¿Cómo _____(5)_____ usted?
  *Muy bien, gracias.
- -Mamá, ¿dónde _____(6)_____ mis deportivas?
- -¿Qué te pasa, Rosa?
  * _____(7)_____ triste.

- -¿Dónde _____(8)_____ las Islas Galápagos?
  *En el Océano Pacífico.
- -Perdón ¿ _____(9)_____ usted enfermo?
  *No, sólo _____(10)_____ cansado.
- -Rosa, ¿dónde _____(11)_____ tus libros?
- -¿Qué te pasa, Jorge?
  * _____(12)_____ enfermo.
- -¿ _____(13)_____ triste, Antonio?
  *No, _____(14)_____ aburrido.

14

80 uso JUNIOR elemental

4. Observa la ilustración y completa las frases con *hay* y *un/una/unos/unas, dos/tres/...* o nada.

En la cocina _____(1)_____ sillas, _____(2)_____ mesa y _____(3)_____ nevera. En la mesa _____(4)_____ pan y _____(5)_____ flores. En la nevera _____(6)_____ leche. _____(7)_____ plátanos, _____(8)_____ huevos, _____(9)_____ naranjas y _____(10)_____ queso.

10

5. Completa las frases con el Presente de Indicativo de *tener, estar* o *hay*.

• —¿ _____(1)_____ hermanos, Carlos?
   * Sí, _____(2)_____ dos hermanas.

• —¿Cuántos años _____(3)_____ ?
   * Flora _____(4)_____ diez años y Rosana _____(5)_____ siete.

• —¿Dónde _____(6)_____ ?
   * _____(7)_____ con mis padres en Caracas.

• —¿Cuántos alumnos _____(8)_____ en tu clase?
   * Treinta y cinco.

• —¿ _____(9)_____ playa en tu pueblo?
   * No, pero _____(10)_____ muchas piscinas.

• —¿Qué te pasa, Luisa? ¿ _____(11)_____ enferma?
   * Sí, _____(12)_____ fiebre.

• —Enrique _____(13)_____ un ordenador.
   * Y yo _____(14)_____ una videoconsola.

• —¿ _____(15)_____ usted cansado?
   * Sí, y _____(16)_____ sueño.

• —¿Qué te pasa, Hans? ¿ _____(17)_____ hambre?
   * No, _____(18)_____ cansado.

• —¿ _____(19)_____ usted dinero?
   * No _____(20)_____ mucho.

20

51 — 64: Vas muy bien.
33 — 49: Vas bien.
0 — 32: Tienes que repasar más.

64

17 Estudio español

Los tiburones **viven** en aguas cálidas. **Comen** otros peces y a veces **atacan** al hombre.

Presente de Indicativo: verbos regulares

	verbos acabados en -ar	verbos acabados en -er	verbos acabados en -ir
	HABLAR	**COMER**	**VIVIR**
(yo)	hablo	como	vivo
(tú)*	hablas	comes	vives
(usted)	habla	come	vive
(él, ella)	habla	come	vive
(nosotros/as)	hablamos	comemos	vivimos
(vosotros/as)**	habláis	coméis	vivís
(ustedes)	hablan	comen	viven
(ellos, ellas)	hablan	comen	viven

*(vos) hablás comés vivís   **(ustedes) hablan comen viven

Usa el Presente de Indicativo:

- **Para situaciones permanentes del presente:**

-¿**Hablas** español?   *Sí, **hablo** un poco.
Vivimos en Alicante.

- **Para verdades generales o universales:**

Los tiburones **viven** en aguas cálidas.

- **Para costumbres o acciones que hacemos con cierta regularidad:**

Alicia **colecciona** minerales.
Estudio español dos días a la semana.

uso **JUNIOR** elemental

Ejercicios

1. Escribe las formas del Presente de Indicativo de los verbos siguientes.

	estudiar	nadar	beber	leer	escribir	abrir
(yo)						
(tú)						
(usted)						
(él, ella)						
(nosotros/as)						
(vosotros/as)						
(ustedes)						
(ellos, ellas)						

2. Completa con la forma del verbo, afirmativa o negativa.

abrir   coleccionar   beber   comer   fumar   hablar   tocar

a. ¿Qué instrumento _____?
El violín. ¿Y tú?
Yo _____ el piano.

b. ¿A qué hora _____ normalmente?
_____ a las tres.

c. Gracias.
_____ .

d. ¿_____ usted medallas?

e. Lo siento, _____ inglés.

f. ¿A qué hora _____ las tiendas?

g. ¿_____ ustedes vino?
No. Sólo _____ agua.

h. No, gracias. _____ café.
¿Café?

3. Completa el texto con los verbos entre paréntesis.

¡Hola! Me llamo Jean, _____ (vivir) en Burdeos y _____ (hablar) un poco de español. Mis padres _____ (hablar) español muy bien. _____ (viajar) mucho a España. Mi padre es periodista; _____ (escribir) artículos para revistas. Mi madre es profesora; _____ (enseñar) Matemáticas.

Mi hermana y yo _____ (estudiar) música. Ella _____ (tocar) el violín y yo _____ (tocar) la guitarra. Los dos _____ (tocar) en un grupo de música celta. Mi hermana también _____ (cantar).

Además de la música tengo otras aficiones. _____ (coleccionar) minerales, _____ (nadar) y _____ (pintar). Los sábados _____ (trabajar) en un supermercado y así _____ (ganar) algo de dinero.

4. Sigue las líneas y escribe. Utiliza los verbos del recuadro.

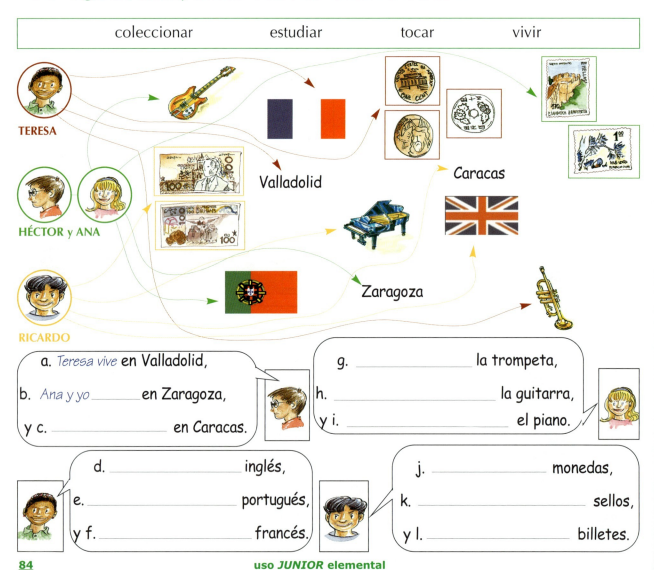

coleccionar   estudiar   tocar   vivir

TERESA

HÉCTOR y ANA

Valladolid

Caracas

Zaragoza

RICARDO

a. *Teresa vive* en Valladolid,
b. *Ana y yo* _____ en Zaragoza,
y c. _____ en Caracas.

d. _____ inglés,
e. _____ portugués,
y f. _____ francés.

g. _____ la trompeta,
h. _____ la guitarra,
y i. _____ el piano.

j. _____ monedas,
k. _____ sellos,
y l. _____ billetes.

5. Observa el cuadro y completa las frases en la forma afirmativa o negativa.

	taxistas	futbolistas	pilotos	enfermeras	profesores
llevar uniforme	x	✓	✓	✓	x
trabajar de noche	✓	x	✓	✓	x
trabajar los fines de semana	✓	✓	✓	✓	x
viajar mucho	x	✓	✓	x	x

a. Los taxistas *trabajan* de noche y los fines de semana, pero *no viajan* mucho.

b. Los futbolistas _____ los fines de semana y _____ mucho.

c. Los pilotos _____ uniforme y _____ mucho.

d. Las enfermeras _____ uniforme. _____ mucho y _____ de noche.

e. Los profesores _____ uniforme y _____ los fines de semana.

x = No
✓ = Sí

6. Completa las preguntas según las respuestas.

a. Estudio #####.   Perdón, ¿qué _____?

b. Vivimos en #####.   ¿Dónde _____?

c. Normalmente comemos a las #####. ¿A qué hora _____ normalmente?

d. Y cenamos a las #####.   ¿A qué hora _____?

e. Colecciono #####.   ¿Qué _____?

f. Sólo leo #####.   ¿Qué _____?

g. Los sábados trabajo en un #####. ¿Dónde _____ los sábados?

7. Completa con la forma adecuada del verbo.

| beber | comer | hablar | vivir |

a. ¿Dónde _____?
Yo _____ en Santa Fe.
En Rosario. ¿Y vos?

b. ¿_____ carne?
No, soy vegetariana.

c. ¿Qué _____ normalmente?
_____ agua.

d. Perdón, ¿_____ español?
Sí, un poco.

18 Quiero ser abogada

Presente de Indicativo: algunos verbos irregulares

	QUERER	PEDIR	PODER	JUGAR	HUIR
(yo)	quiero	pido	puedo	juego	huyo
(tú)*	quieres	pides	puedes	juegas	huyes
(usted)	quiere	pide	puede	juega	huye
(él, ella)	quiere	pide	puede	juega	huye
(nosotros/as)	queremos	pedimos	podemos	jugamos	huimos
(vosotros/as)**	queréis	pedís	podéis	jugáis	huis
(ustedes)	quieren	piden	pueden	juegan	huyen
(ellos, ellas)	quieren	piden	pueden	juegan	huyen
*(vos)	querés	pedís	podés	jugás	huís
**(ustedes)	quieren	piden	pueden	juegan	huyen

También...

cerrar	corregir	contar volar	construir
empezar	elegir	costar volver	destruir
entender	medir	dormir	
mentir	repetir	encontrar	
pensar		morder	
perder		recordar	
preferir		soñar	

Usa el Presente de Indicativo también:

- **Para acciones que suceden en el momento de hablar:**

*No **puedo** dormir; tengo hambre.*

Mira los usos del Presente de Indicativo del Tema 17.

Ejercicios

1. Escribe el *Presente de Indicativo* de estos verbos.

	cerrar	empezar	perder	preferir	medir	encontrar	destruir
(yo)							
(tú)							
(usted)							
(él, ella)							
(nosotros/as)							
(vosotros/as)							
(ustedes)							
(ellos, ellas)							

2. Completa con los verbos del recuadro.

> construir costar empezar encontrar entender jugar medir morder perder poder preferir querer

a. ¿Cuánto _____? 1,62 metros.

b. ¿A qué hora _____ la película?

c. _____ muy mal. Siempre _____.

d. ¿Qué _____, ir al cine o ir a bailar? _____ ir a bailar.

e. Perdón, ¿cuánto _____ esa revista?

f. Profesor, no _____.

g. No _____ comer.

h. ¿_____ jugar? No, gracias. No _____ al rugby.

i. ¿_____ el perro?

j. ¿Cuánto _____ estas deportivas?

k. No _____ los zapatos.

l. Los avestruces no _____ volar.

m. ¿Qué _____ beber?

n. Soy albañil. _____ casas. ¿En qué trabaja usted?

3. Curiosidades animales. Completa las frases con los verbos del recuadro en la forma afirmativa o negativa.

construir	dormir	huir	medir	mover	volar

a. Los pingüinos son aves pero _____ _____ nidos.

b. Las jirafas _____ hasta cinco metros de altura. _____ de pie.

c. Los murciélagos _____ cabeza abajo y _____ de noche.

d. El tiburón blanco _____ unos seis metros de largo.

e. La cigüeña _____ a 90 kilómetros por hora. _____ nidos en lugares altos.

f. El leopardo _____ en los árboles.

g. Los conejos _____ madrigueras bajo tierra.

h. Los elefantes _____ cuando hay peligro.

i. La libélula _____ hacia delante y hacia atrás.

j. El colibrí _____ las alas doscientas veces por segundo.

4. Observa la ilustración y completa las frases con el Presente de Indicativo de *jugar, medir* o *querer*.

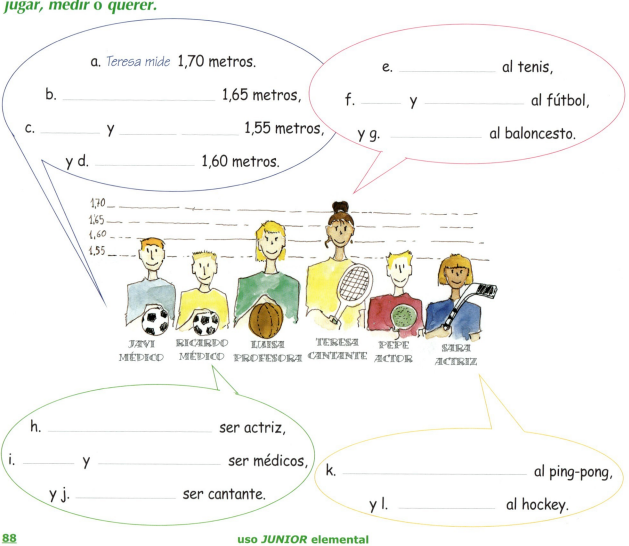

a. *Teresa mide* 1,70 metros.
b. _____ 1,65 metros,
c. _____ y _____ 1,55 metros,
y d. _____ 1,60 metros.

e. _____ al tenis,
f. _____ y _____ al fútbol,
y g. _____ al baloncesto.

h. _____ ser actriz,
i. _____ y _____ ser médicos,
y j. _____ ser cantante.

k. _____ al ping-pong,
y l. _____ al hockey.

5. Completa las preguntas a partir de las respuestas.

a. Juego al #####. Perdón, ¿a qué *juegas*?

b. Prefiero el #####. ¿Qué _____?

c. Queremos un #####. ¿Qué _____?

d. Cerramos a las #####. ¿A qué hora _____?

e. Mido #####. ¿Cuánto _____?

f. Nosotros medimos #####. ¿Cuánto _____?

g. Quiero una #####. ¿Qué _____?

h. Siempre pierdo el #####. ¿Qué _____ siempre?

i. Preferimos la #####. ¿Qué _____?

j. Duermo en #####. ¿Dónde _____?

k. Dormimos ##### horas. ¿Cuántas horas _____?

6. Completa con la forma afirmativa o negativa.

a. *Mido/No mido* (medir) más de 1,60 metros.

b. Mi compañero/a _____ (medir) más de 1,70 metros.

c. _____ (poder) volar.

d. _____ (dormir) más de ocho horas al día.

e. Mi compañero/a _____ (jugar) al rugby.

f. _____ (jugar) al tenis.

g. Las clases _____ (empezar) antes de las ocho.

h. _____ (soñar) todas las noches.

7. Completa con los verbos: *entender, jugar, medir, preferir y querer*.

a. ¿Cuánto _____? 1,71.

b. ¿Qué _____, plátanos o peras? Yo _____ un plátano. Y yo una pera.

c. ¿_____? No, no lo _____.

d. ¿_____ jugar? No, gracias. No _____ al baloncesto.

19 Voy al cine

Presente de Indicativo: otros verbos irregulares

	DAR	DECIR	HACER	OÍR	PONER
(yo)	doy	digo	hago	oigo	pongo
(tú)*	das	dices	haces	oyes	pones
(usted)	da	dice	hace	oye	pone
(él, ella)	da	dice	hace	oye	pone
(nosotros/as)	damos	decimos	hacemos	oímos	ponemos
(vosotros/as)**	dais	decís	hacéis	oís	ponéis
(ustedes)	dan	dicen	hacen	oyen	ponen
(ellos, ellas)	dan	dicen	hacen	oyen	ponen
*(vos)	das	decís	hacés	oís	ponés
**(ustedes)	dan	dicen	hacen	oyen	ponen

	SABER	SALIR	VENIR	VER	CONOCER	IR
(yo)	sé	salgo	vengo	veo	conozco	voy
(tú)*	sabes	sales	vienes	ves	conoces	vas
(usted)	sabe	sale	viene	ves	conoce	va
(él, ella)	sabe	sale	viene	ve	conoce	va
(nosotros/as)	sabemos	salimos	venimos	vemos	conocemos	vamos
(vosotros/as)**	sabéis	salís	venís	veis	conocéis	vais
(ustedes)	saben	salen	vienen	ven	conocen	van
(ellos, ellas)	saben	salen	vienen	ven	conocen	van
*(vos)	sabés	salís	venís	ves	conocés	andás
**(ustedes)	saben	salen	vienen	ven	conocen	van

También... conducir / traducir

Mira los usos del Presente de Indicativo en los Temas 17 y 18.

Ejercicios

1. Completa con la forma adecuada del Presente de Indicativo de:
conducir, conocer, decir, hacer, ir, oír, saber y ver.

2. ¿Cómo van los personajes al colegio? Sigue las líneas y completa las frases con la forma adecuada de *ir*.

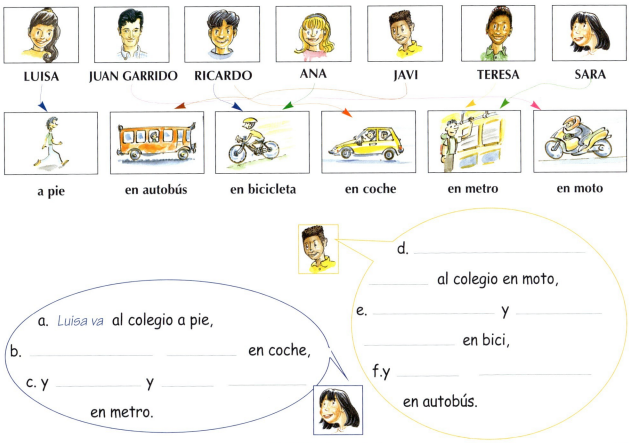

3a. Observa las ilustraciones y sigue las líneas. ¿Qué hacen los personajes en su tiempo libre? Utiliza las expresiones del recuadro.

> hacer atletismo   hacer los deberes   hacer excursiones   ir a fiestas   ir al cine
> ir a la playa   salir con amigos   ver la tele   ver vídeos

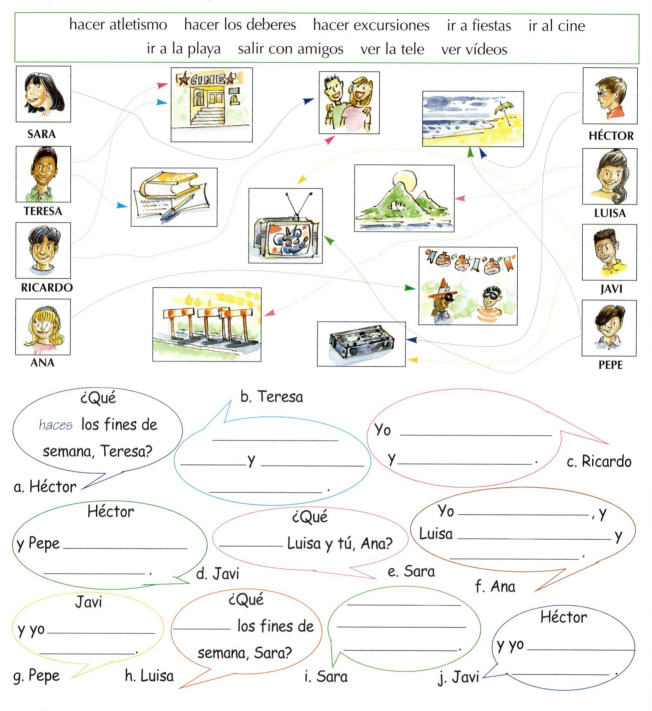

3b. Dos chicos juegan a adivinar el personaje. Completa las preguntas.

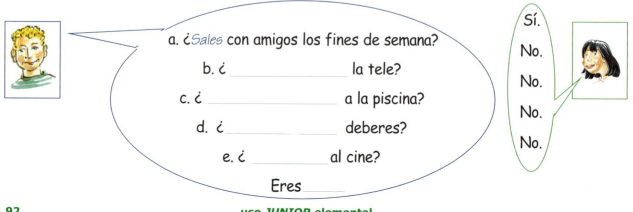

4. Completa el diálogo con el Presente de Indicativo de los verbos entre paréntesis.

¿Qué _____ (hacer) los fines de semana?

Los sábados por la mañana _____ (hacer) los deberes, y por la tarde _____ (salir) con mis amigas.

¿Dónde _____ (ir)?

_____ (ir) al cine o _____ (dar) una vuelta por el parque. A veces _____ (ir) a casa de una de nosotras y _____ (ver) un vídeo.

¿_____ (salir) los domingos?

Sí, claro. A veces _____ (salir) con mis padres. En verano _____ (hacer) excursiones. _____ (ir) a la sierra o a la playa.

¿Y _____ (hacer) deporte?

En invierno. Los sábados por la mañana _____ (ir) a un gimnasio y _____ (hacer) aeróbic.

5. Completa las frases en la forma afirmativa o negativa.

a. (Yo) *Voy/No voy* (ir) al colegio en coche.
b. Mi padre _____ (ir) a trabajar en metro.
c. Los domingos _____ (hacer) los deberes.
d. _____ (hacer) gimnasia por las mañanas.
e. _____ (saber) montar en bici.
f. Mi compañero/a _____ (saber) montar a caballo.
g. Los sábados por la noche _____ (salir) con mis amigos.
h. Mi profesor/a _____ (salir) los sábados por la noche.
i. _____ (ir) al cine todos los domingos.
j. Mi compañero/a _____ (hacer) fiestas en su casa.
k. _____ (ver) la televisión los domingos por la mañana.
l. _____ (conocer) a Enrique Iglesias.

6. Completa las preguntas a partir de las respuestas.

a. Los domingos por la mañana hago ###. ¿Qué *hacés* los domingos por la mañana?
b. Voy al colegio en ###. ¿Cómo _____ al colegio?
c. Los sábados mi hermana y yo vamos a ###. ¿Dónde _____ los sábados?
d. En verano hacemos excursiones a ###. ¿Adónde _____ excursiones?
e. Sé ###. ¿Qué _____ hacer?
f. Vamos a ###. ¿Adónde _____ ?

Vamos a repasar. Temas 17-18-19

1. Completa con el Presente de Indicativo de los verbos entre paréntesis.

¡Hola! Me llamo Jane y _____(1)_____ (vivir) en Edimburgo. _____(2)_____ (estudiar) español en la escuela y lo _____(3)_____ (hablar) un poco. _____(4)_____ (saber) hablar francés muy bien. _____(5)_____ (querer) aprender muchos idiomas.
Mi padre es cocinero. _____(6)_____ (trabajar) en un restaurante francés. Es muy alto; _____(7)_____ (medir) 1,85m. Mi madre es profesora; _____(8)_____ (enseñar) Historia.
Tengo un hermano. Se llama Roy y también _____(9)_____ (ir) a mi escuela. _____(10)_____ (querer) ser músico. _____(11)_____ (tocar) la guitarra y el piano y _____(12)_____ (cantar) en el coro del colegio.
Mi hobby es la natación. _____(13)_____ (ir) a la piscina todos los días y _____(14)_____ (nadar) una hora. También _____(15)_____ (coleccionar) sellos, y _____(16)_____ (escribir) historias de terror.
En verano _____(17)_____ (ir) todos de vacaciones a Menorca. Allí, _____(18)_____ (ir) a la playa, _____(19)_____ (hacer) vela o _____(20)_____ (jugar) al fútbol con otros chicos.

20

2. Completa la información sobre los animales con los verbos entre paréntesis.

La libélula es un insecto. _____(1)_____ (nacer) en el agua y allí _____(2)_____ (pasar) gran parte de su vida. La hembra _____(3)_____ (poner) los huevos en las plantas acuáticas. Cuatro semanas después _____(4)_____ (nacer) las larvas.
Las libélulas _____(5)_____ (volar) hacia delante y hacia atrás y _____(6)_____ (poder) estar inmóviles en el aire. _____(7)_____ (comer) mosquitos y mariposas.

El murciélago es un mamífero. _____(8)_____ (dormir) durante el día y _____(9)_____ (salir) por la noche. Los murciélagos _____(10)_____ (dormir) cabeza abajo y al anochecer _____(11)_____ (salir) en busca de alimento. _____(12)_____ (existir) más de 900 especies y no todas _____(13)_____ (comer) lo mismo. Algunos murciélagos _____(14)_____ (comer) fruta; otros _____(15)_____ (chupar) la sangre de otros animales.

15

94   uso JUNIOR elemental

3. Completa las preguntas a partir de las respuestas.

1. Vivo en #####. Perdón, ¿dónde _____?
2. Estudio #####. ¿Qué _____?
3. Colecciono #####. ¿Qué _____?
4. Mi hermana y yo estudiamos #####. ¿Qué _____?
5. Vamos al colegio en #####. ¿Cómo _____ al colegio?
6. Comemos en #####. ¿Dónde _____?
7. Algunas noches sueño con #####. ¿Con quién _____?
8. Los sábados trabajamos en un #####. ¿Dónde _____?
9. Mi hermana y yo queremos ser #####. ¿Qué _____ ser?
10. Podemos #####. ¿Qué _____ hacer?
11. Sabemos usar #####. ¿Qué _____ usar?
12. Yo mido #####. ¿Cuánto _____?
13. Colecciono #####. ¿Qué _____?

13

4. Completa con la forma adecuada del Presente de Indicativo.

¿Qué instrumento __1__ (tocar)?
La guitarra. ¿Y tú?
Yo __2__ el violín.

¿Que __3__ (querer) beber?

Perdón, ¿__4__ (hablar) ustedes español?

¿__5__ (saber) montar en bici, Tere?
Por supuesto.

¿Dónde __6__ (trabajar)?
En un banco.
¿__7__ (ganar) mucho dinero?
No.

¿Qué __8__ (ver)?
Ovejas.

¿Qué __9__ (hacer) los domingos?
__10__ (salir) con mis amigos.

¿__11__ (preferir) vino tinto o blanco?

¿Qué __12__ (decir)? No __13__ (oír).

¿Adónde __14__ (ir), Lola?
A casa.

14

48 — 62: Vas muy bien.
32 — 47: Vas bien.
0 — 31: Tienes que repasar más.

62

20

Me quiere, no me quiere...

Pronombres personales complementos: me, te...

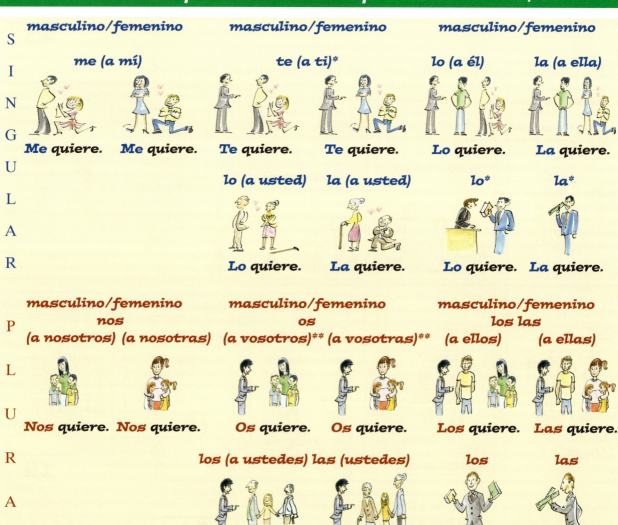

*te quiere (a vos)   ** los/las quiere (a ustedes)

me, te... + verbo (a mí/ti/...)

No me quiere.

Luis quiere a Carolina, pero Carolina no lo quiere a él.

Usa *me, te, lo...*:

- **En lugar de una persona, animal o cosa ya mencionada:**

¿Dónde están mis zapatos? No los encuentro.

¿Conoces a Margarita? No, no la conozco.

Usa además *a mí, a ti, a usted...*:

- **Para contrastar:**

¿Ves a Juan? Sí, lo veo, pero él no nos ve a nosotros.

Ejercicios

1. Observa y responde.

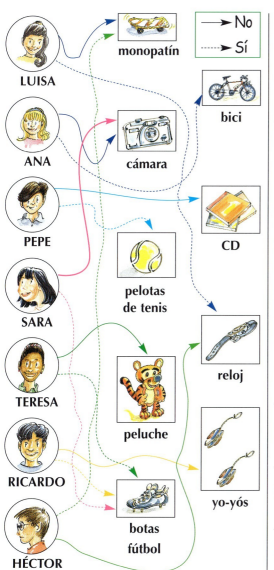

a. ¿Quiere Luisa el monopatín? *No, no lo quiere.*

b. ¿Quiere Ana la bici? *Sí, la quiere.*

c. ¿Quiere Pepe las pelotas de tenis?

_____.

d. ¿Quiere Sara las botas de fútbol? _____.

e. ¿Quiere Ricardo los yo-yós? _____.

f. ¿Quiere Luisa el reloj? _____.

g. ¿Quiere Sara la cámara? _____.

h. ¿Quiere Pepe los CD? _____.

i. ¿Quiere Teresa el peluche? _____.

j. ¿Quiere Ana la cámara? _____.

k. ¿Quiere Ricardo las botas de fútbol?

_____.

l. ¿Quiere Teresa las botas de fútbol?

_____.

m. ¿Quiere Héctor el monopatín?

_____.

n. ¿Quiere Héctor el reloj? _____.

2. Observa y escribe las respuestas. Utiliza *lo, la, los* o *las.*

a. ¿Ves la leona? — Sí la veo.
b. ¿Ves la jirafa? — _____, _____ veo.
c. ¿Ves las gacelas? — _____, _____ veo.
d. ¿Ves el hipopótamo? — _____, _____ veo.
e. ¿Ves los monos? — _____, _____ veo.
f. ¿Ves las cebras? — _____, _____ veo.
g. ¿Ves los avestruces? — _____, _____ veo.
h. ¿Ves los elefantes? — _____, _____ veo.
i. ¿Ves los gorilas? — _____, _____ veo.
j. ¿Ves el león? — _____, _____ veo.

3. Observa la ilustración y completa las frases.

a. **Mario:** Yo veo a Antonio y a Ana, pero ellos no *me* ven *a mí*.

b. **Javi y Marisa:** Nosotros no vemos a Sara, y ella no _____ ve _____.

c. **Antonio:** Yo veo a Ana, pero Ana no _____ ve _____.

d. **Javi:** Sara ve a Mario, pero Mario no _____ ve _____.

e. **Antonio y Ana:** Mario _____ ve _____, pero nosotros no _____ vemos _____.

f. **Sara:** Javi y Marisa no _____ ven _____, y yo no _____ veo _____.

g. **Ana:** Sara _____ ve _____, pero yo no _____ veo _____.

h. **Mario:** Ana, ¿quién _____ ve _____?

i. **Sara:** Javi, Marisa, ¿quién _____ ve _____?

4. Completa.

a. Yo _____ conozco. Sois las hermanas de Juan.

b. ¿Quieres a tus padres? / Sí, _____ quiero mucho.

c. Luisa ¿_____ quieres? / Sí, Juan, _____ quiero mucho.

d. ¿_____ recuerdas? Soy amigo de tu abuela. / No, no _____ recuerdo.

e. ¿Quién tiene mi pluma? / _____ tengo yo.

f. Yo _____ conozco, ustedes son famosas.

g. ¿Ves mucho a Luis? / No, no _____ veo nunca.

h. ¿Quién tiene mi diccionario? / _____ tengo yo.

5. Completa.

a. Yo a ustedes _____ conozco. Son los hermanos de Beatriz.

b. Marta, ¿_____ quiere Alberto? / No _____ sé.

c. ¿_____ recordás? Soy amiga de Marta. / No, no _____ recuerdo.

d. Alicia, ¿_____ querés? / Sí, Roger, _____ quiero.

e. Libia quiere a Ángel, pero a vos no _____ quiere.

uso JUNIOR elemental

21 (A mí) me gusta el español

Presente de Indicativo: gustar, encantar

(A mí)	me		
(A ti)*	te	gusta	+ sustantivo singular.
(A usted)	le	encanta	la informática.
(A él/ella)	le		
(A nosotros/as)	nos	gustan	+ sustantivo plural.
(A vosotros/as)**	os	encantan	las matemáticas.
(A ustedes)	les		
(A ellos/as)	les		

*(A vos) te gustá/gustan
*(a ustedes) les gusta/gustan

Usa *gustar y encantar* para hablar de lo que te gusta y de lo que no te gusta.

Me gusta la informática.   *Me gustan mucho* las matemáticas.   *Me encanta* el español.

No me gustan los espaguetis.   *No me gusta nada* el pescado.

Usa además *a mí, a ti, a usted*:

• Para contrastar:

-No me gusta el pescado.   *Pues *a mí me encanta*.

Ejercicios

1. Observa y escribe. ¿Quién le gusta a quién?

a. A Akira *le gusta* Marisa.
b. A Marisa y Maika _____.
c. Y a mí _____.

d. A Zoraida _____.
e. A Rajiv _____ y _____.
f. Y a Hillary y a mí _____.

g. A Tom _____.
h. A Hillary _____ y _____.
i. Y a mí _____.

j. A Tim _____.
k. A Omar y a Rajiv _____.
l. A Susie y a mí _____.

2. Observa el cuadro y completa los diálogos con *gustar* y *encantar*. Fíjate en la clave.

	pollo	pescado	hamburguesas	huevos fritos	tortilla de patatas	pizza	espaguetis	naranjas	plátanos
Lola	√	√√√	x	√√	√√√	x	x	√	xx
Pedro	x	xx	√√√	√	√√	√√√	√√√	xx	√√
Rosa	√	√√	√	xx	√√√	xx	√√	√√	x
Juan	x	xx	√	√√	x	x	√√	√√√	√

√-Me gusta   √√-Me gusta mucho   √√√-Me encanta   /   x-No me gusta   xx-No me gusta nada

a. Lola: ¿*Te gustan* las hamburguesas, Pedro?
   Pedro: *Me encantan*.
   Lola: Pues a mí _____.

b. Rosa: _____ los huevos fritos.
   Lola: Pues a mí _____.

c. Rosa: A Lola y a Juan _____ la pizza.
        ¿Y a ti, Pedro?
   Pedro: Pues _____.

d. Lola: Pedro, ¿ _____ el pescado a ti y a Juan?
   Pedro: _____.
   Lola: Pues _____.

e. Lola: A Pedro _____ la tortilla de patatas.
   Juan: Pues _____.

f. Pedro: ¿ _____ los plátanos, Lola?
   Lola: _____.
   Pedro: Pues _____.

g. Juan: A Rosa y a mí _____ los espaguetis.
        ¿Y a ti, Lola?
   Lola: _____.

h. Pedro: _____ las naranjas.
   Juan: Pues a mí _____.
   Rosa: Y a mí _____.

3. Observa y completa los diálogos con el Presente de Indicativo del verbo *gustar*. Fíjate en la clave.

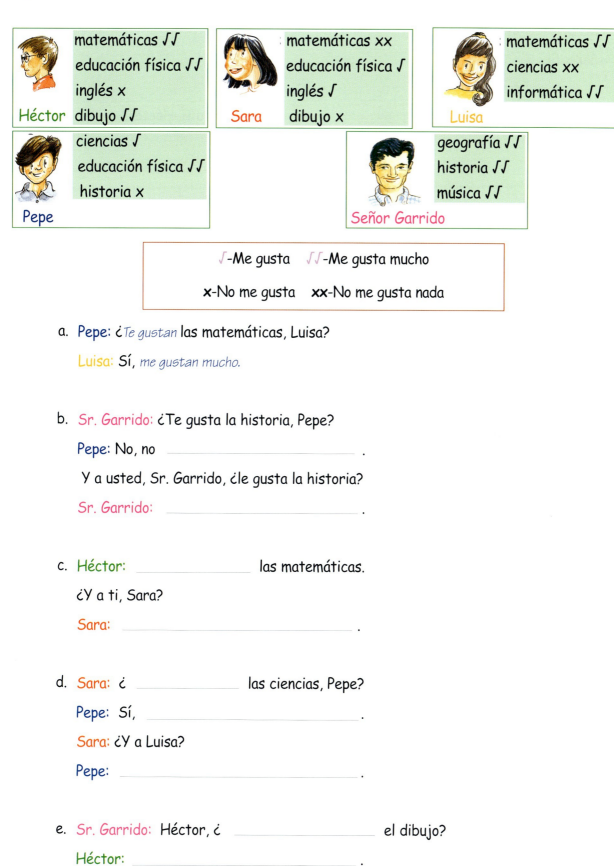

√-Me gusta   √√-Me gusta mucho

x-No me gusta   xx-No me gusta nada

a. Pepe: ¿*Te gustan* las matemáticas, Luisa?

Luisa: Sí, *me gustan mucho.*

b. Sr. Garrido: ¿Te gusta la historia, Pepe?

Pepe: No, no _____ .

Y a usted, Sr. Garrido, ¿le gusta la historia?

Sr. Garrido: _____ .

c. Héctor: _____ las matemáticas.

¿Y a ti, Sara?

Sara: _____ .

d. Sara: ¿ _____ las ciencias, Pepe?

Pepe: Sí, _____ .

Sara: ¿Y a Luisa?

Pepe: _____ .

e. Sr. Garrido: Héctor, ¿ _____ el dibujo?

Héctor: _____ .

Sr. Garrido: ¿Y a Sara?

Héctor: _____ .

f. Sr. Garrido: Sara, ¿_____ la educación física a Pepe y a Héctor?

   Sara: Sí, _____.

   Sr. Garrido: ¿y a ti, _____?

   Sara: Sí. _____.

g. Sara: A mí _____ el inglés. ¿Y a ti, Héctor?

   Héctor: _____.

h. Luisa: ¿A usted _____ la música, Sr. Garrido?

   Sr. Garrido: Sí, _____.

4. Completa las frases con el Presente de Indicativo *gustar y encantar* en la forma afirmativa o negativa.

a. A mí _____ las matemáticas.
b. A (+ nombre) _____ la geografía.
c. A (nombre + nombre) _____ la historia.
d. A mi compañero/a _____ las ciencias.
e. A mi compañero/a y a mí _____ la educación física.
f. A mi profesor/a _____ el español.
g. A mí _____ el pescado.
h. A mi compañero/a _____ las hamburguesas.
i. A mis padres _____ la paella.
j. A mi padre _____ la pizza.
k. A mi madre _____ los huevos fritos.

5. Observa el cuadro y completa los diálogos entre unos amigos argentinos con el Presente de Indicativo de *gustar* y *encantar*. Fíjate en la clave.

	pollo	pescado	chancho	hamburguesas	papas fritas	pizza	espaguetis
Adriana	√	√√√	x	√√	√√√	x	x
Alfonso	x	xx	√√√	√	√√	√√√	√√√
Violeta	√√	√√	√	xx	√√√	xx	√√

104 uso JUNIOR elemental

√ -Me gusta	**x**-No me gusta
√√ -Me gusta mucho	**xx**-No me gusta nada
√√√ -Me encanta	

a. Adriana: ¿*A vos te gustá* el pollo, Alfonso?

   Alfonso: _____ ¿Y a vos, Violeta?

   Violeta: A mí _____ .

b. Adriana: _____ el chancho. ¿Y a vos, Alfonso?

   Alfonso: _____ .

c. Alfonso: Adriana, ¿_____ el pescado a Violeta y a vos?

   Adriana: A Violeta _____ y _____ . ¿Y a vos _____ ?

   Alfonso: _____ .

d. Violeta: ¿_____ las hamburguesas, Alfonso?

   Alfonso: _____ . Y a vos, Violeta, ¿_____ las hamburguesas?

   Violeta: _____ .

e. Alfonso: Violeta, ¿_____ las papas fritas a vos y a Adriana?

   Violeta: _____ .

f. Adriana: ¿_____ la pizza, Alfonso?

   Alfonso: _____ .

g. Adriana: ¿_____ los espaguetis, Violeta?

   Violeta: _____ .

22 Me levanto a las siete

Presente de Indicativo: lavarse, levantarse

(yo)	me	lavo
(tú)*	te	lavas
(usted)	se	lava
(él, ella)	se	lava
(nosotros/as)	nos	lavamos
(vosotros/as)**	os	laváis
(ustedes)	se	lavan
(ellos, ellas)	se	lavan

*(vos) te lavás   **(ustedes) se lavan

pero...

	VESTIRSE		DESPERTARSE		ACOSTARSE	
(yo)	me	visto	me	despierto	me	acuesto
(tú)*	te	vistes	te	despiertas	te	acuestas
(usted)	se	viste	se	despierta	se	acuesta
(él, ella)	se	viste	se	despierta	se	acuesta
(nosotros/as)	nos	vestimos	nos	despertamos	nos	acostamos
(vosotros/as)**	os	vestís	os	despertáis	os	acostáis
(ustedes)	se	visten	se	despiertan	se	acuestan
(ellos, ellas)	se	visten	se	despiertan	se	acuestan
*(vos)		te vestís		te despertás		te acostás
**(ustedes)		se visten		se despiertan		se acuestan

También... divertirse

106   uso JUNIOR elemental

Ejercicios

1. Escribe las formas del Presente de Indicativo de los verbos siguientes.

	peinarse	ducharse	bañarse	divertirse
(yo)				
(tú)				
(usted)				
(él, ella)				
(nosotros/as)				
(vosotros/as)				
(ustedes)				
(ellos, ellas)				

2. Completa las preguntas a partir de las respuestas.

a. Me llamo #####. Perdón, ¿cómo _____?

b. Mi madre se llama #####. ¿Cómo _____ tu madre?

c. Mi hermano y yo nos levantamos a las #####. ¿A qué hora _____ tu hermano y tú?

d. Nos vestimos antes de #####. ¿Cuándo _____?

e. Durante la semana nos acostamos a las #####. ¿A qué hora _____ durante la semana?

f. Los sábados me acuesto a las #####. ¿A qué hora _____ los sábados?

g. Los domingos me levanto a las #####. ¿A qué hora _____ los domingos?

h. Mi padre se levanta a las #####. ¿A qué hora _____ tu padre?

i. Y se acuesta a las #####. ¿A qué hora _____?

j. Me ducho todos los #####. ¿Cuándo _____?

k. Antes de ##### me lavo los dientes. ¿Cuándo _____ los dientes?

l. Los ##### me pinto las uñas. ¿Cuándo _____ las uñas?

3. Lee la información del cuadro y completa los diálogos.

	levantarse	ducharse	lavarse el pelo	lavarse los dientes	vestirse	acostarse
Juan	8:00	todos los días	sábados	después de comer	después de desayunar	11:00
Pedro	8:00	domingos	domingos	antes de acostarse	antes de desayunar	10:00
Ana	7:00	todos los días	todos los días	antes de acostarse	después de desayunar	11:00

a. Juan: ¿A qué hora *te levantas*, Ana?

Ana: _____ a las siete. Y Pedro y tú, ¿a qué hora _____?

Juan: Nosotros _____ a las ocho.

b. Pedro: Juan _____ todos los días. Yo _____ sólo los domingos. ¿Y tú, Ana?

Ana: Yo _____ todos los días.

c. Juan: Yo _____ el pelo los sábados. Y tú, Pedro, ¿cuándo _____ lo _____?

Pedro: Yo _____ lo _____ los domingos. ¿Y tú, Ana?

Ana: Yo _____ el pelo todos los días.

d. Pedro: ¿Cuándo _____ los dientes, Juan?

Juan: Yo _____ los _____ después de comer. ¿Y tú?

Pedro: Ana y yo _____ los lavamos antes de acostarnos.

e. Ana: Juan, ¿cuándo _____, antes o después de desayunar?

Juan: _____ después de desayunar. ¿Y tú?

Ana: Yo también _____ después de desayunar. Pedro _____ antes de desayunar.

f. Ana: ¿A qué hora _____, Pedro?

Pedro: _____ a las diez. Y Juan y tú, ¿a qué hora _____?

Ana: _____ a las once.

4. Completa los diálogos. Utiliza los verbos del recuadro.

afeitarse   levantarse   llamarse   mirarse   pintarse

5. Completa las frases en la forma afirmativa o negativa.

a. *Me levanto/No me levanto* (levantarse) antes de las siete.

b. _____ (acostarse) antes de las doce.

c. _____ (ducharse) todos los días.

d. _____ (lavarse) el pelo todos los días.

e. _____ (afeitarse).

f. Mis padres _____ (llamarse) _____ .

g. Mi profesor/a de español _____ (llamarse) _____ .

h. Los sábados _____ (divertirse) con mis amigos.

6. Completa las preguntas.

a. Me llamo ####.   Perdón, ¿cómo _____ ?

b. Normalmente nos levantamos a las ###.   ¿A qué hora _____ ?

c. Nos vestimos antes de #####.   ¿Cuándo _____ ?

d. Durante la semana nos acostamos ###.   ¿A qué hora _____ durante la semana?

e. Los sábados me acuesto a las ####.   ¿A qué hora _____ los sábados?

f. Los domingos me levanto a las ####.   ¿A qué hora _____ los domingos?

g. Si hace calor me baño en #####.   ¿Dónde _____ ?

h. Antes de #### me lavo los dientes.   ¿Cuándo _____ los dientes?

i. Me divierto mucho con #####.   ¿Con quién _____ mucho?

Vamos a repasar. Temas 20-21-22

1. Completa las frases con *me/te/...* y *a mí/a ti/...*

• -¿Quieres este libro?
  * No, gracias. No ___(1)___ quiero.
• -No encuentro mi regla. ¿Quién ___(2)___ tiene?
• -¿Ves las vacas?
  * No, no ___(3)___ veo.
• -¿Ves a Sara?
  * Sí, ___(4)___ veo, pero ella no ___(5)___ ve ___(6)___.
• -¿Quiere Luis a Carolina?
  * Sí ___(7)___ quiere, pero ella no ___(8)___ quiere.
• -Yo ___(9)___ conozco ___(10)___. Ustedes son los padres de Marta.
• -¿Quieres estas gafas?
  * No, no ___(11)___ quiero.
• -¿___(12)___ quieres, Rosa?
  * Sí, ___(13)___ quiero, Pepe.

• -¿Dónde están mis libros? No ___(14)___ encuentro.
• -¿Conoces a Mara?
  * No, no ___(15)___ conozco.
• -¿Quieres a tus padres?
  * Sí, ___(16)___ quiero mucho, y ellos ___(17)___ quieren ___(18)___.
• -¿Quieres estos CD?
  * No, no ___(19)___ quiero, gracias.
• -¿Dónde está usted, Sra. Vargas? No ___(20)___ veo.
• -Yo ___(21)___ conozco a vosotras. Sois las hermanas de Raúl.
• -Creo que ___(22)___ conozco a ustedes.
  * Pues nosotros no ___(23)___ conocemos ___(24)___.

24

2. Observa la tabla y completa los diálogos con *gustar* o *encantar*.

	Español	Ciencias	Geografía	Matemáticas
Paola	√√	xx	√	xx
Rajiv	√√	√√√	√√	√√√
Sofía	√√√	xx	x	√√√
Sr. Torre	√	√	√	x

√ - Me gusta
√√ - Me gusta mucho
√√√ - Me encanta
x - No me gusta
xx - No me gusta nada

110 uso JUNIOR elemental

Sofía: ¿_____1_____ el español, Paola?

Paola: _____2_____. ¿Y a ti, Sofía?

Sofía: _____3_____.

Sr. Torre: A Paola y a Sofía _____4_____ las ciencias, pero a Rajiv _____5_____.

Sr. Torre: A Paola y a mí _____6_____ la geografía, pero a Sofía _____7_____.

Sr. Torre: Rajiv, ¿_____8_____ las matemáticas a Sofía y a ti?

Rajiv: _____9_____. ¿Y a usted, Sr. Torre?

Sr. Torre: _____10_____.

10

3. Completa el artículo con la forma adecuada del Presente de Indicativo de los verbos entre paréntesis.

Un día en la vida de… Manuel Álvarez

Manuel Álvarez _____1_____ (estudiar) Segundo de Secundaria en el Instituto León Felipe.

P. ¿A qué hora _____2_____ (levantarse)?

R. Los días de clase _____3_____ (levantarse) temprano, a las siete y media. _____4_____ (ducharse) y _____5_____ (vestirse). No _____6_____ (lavarse) los dientes por la mañana porque no _____7_____ (tener) tiempo.

P. ¿_____8_____ (desayunar) en casa?

R. Sí, pero normalmente no _____9_____ (desayunar) mucho, un vaso de leche y galletas.

P. ¿A qué hora _____10_____ (salir) de casa?

R. _____11_____ (salir) de casa a las ocho. _____12_____ (ir) al instituto con mi hermana.

P. ¿Dónde _____13_____ (comer) a mediodía?

R. _____14_____ (comer) en casa. Mis padres _____15_____ (venir) a casa y _____16_____ (comer) juntos. No _____17_____ (tener) clase en el instituto por la tarde. Dos días a la semana _____18_____ (ir) a clase de música. _____19_____ (estudiar) guitarra.

P. ¿A qué hora _____20_____ (acostarse)?

R. _____21_____ (acostarme) a las diez. _____22_____ (leer) un poco en la cama o _____23_____ (escuchar) música, y _____24_____ (dormirse) entre diez y media y once.

45 – 58: Vas muy bien.
29 – 44: Vas bien.
0 – 28: Tienes que repasar más.

58

24

23 Abre el libro

Imperativo afirmativo: verbos regulares

verbos acabados en -ar	verbos acabados en -er	verbos acabados en -ir	
ESTUDIAR	**COMER**	**ABRIR**	
estudi**a**	com**e**	abr**e**	(tú)*
estudi**e**	com**a**	abr**a**	(usted)
estudi**ad**	com**ed**	abr**id**	(vosotros/as)**
estudi**en**	com**an**	abr**an**	(ustedes)
estudi**á**	com**é**	abr**í**	(vos)*
estudi**en**	com**an**	abr**an**	(ustedes)**

Algunos verbos irregulares

CERRAR	**CONTAR**	**JUGAR**	
c**ie**rra	c**ue**nta	j**ue**ga	(tú)*
c**ie**rre	c**ue**nte	j**ue**gue	(usted)
cerrad	contad	jugad	(vosotros/as)**
c**ie**rren	c**ue**nten	j**ue**gue	(ustedes)
cerrá	contá	jugá	(vos)*
c**ie**rren	c**ue**nten	j**ue**guen	(ustedes)**

También...

| despertar |
| encender |

| mover |
| comprobar |
| recordar |

uso JUNIOR elemental

HACER	IR	PONER	SALIR	VENIR	
haz	ve	pon	sal	ven	(tú)*
haga	vaya	ponga	salga	venga	(usted)
haced	id	poned	salid	venid	(vosotros/as)
hagan	vayan	pongan	salgan	vengan	(ustedes)**
hacé	andá	poné	salí	vení	(vos)**
hagan	vayan	pongan	salgan	vengan	(ustedes)**

Usa el Imperativo:

- **Para dar instrucciones:**

  Abran el libro en la página veinte.
  Rosa, **lee** las preguntas, por favor.

- **Para invitar:**

  Coma más.

- **Para dar órdenes:**

  ¡**Cierra** la ventana!

- **Para dar permiso:**

  -¿Puedo ir al lavabo?
  *Sí, **ve**.

Ejercicios

1. Escribe las formas de Imperativo de los siguientes verbos.

	escuchar	leer	escribir	encender	recordar
(tú)					
(usted)					
(vosotros/as)					
(ustedes)					

2. Da permiso.

a. ¿Puedo ir al lavabo? Sí, sí, *ve.*

b. ¿Puedo comer más galletas? Sí, claro, _____ .

c. ¿Podemos salir al patio? Sí, sí, _____ .

d. ¿Podemos llamar por teléfono? Sí, claro, _____ .

e. ¿Puedo entrar? Sí, sí, _____ .

f. ¿Podemos beber más naranjada? Sí, claro, _____ .

g. ¿Podemos ir al cine? Sí, sí, _____ .

h. ¿Puedo comer más chocolate? Sí, claro, _____ .

3. Observa los símbolos y completa estas instrucciones de un libro de español.

a. *Escucha* la grabación.

b. _____ las preguntas y _____ las respuestas.

c. _____ la canción y _____ la respuesta correcta.

d. _____ a tu compañero.

e. _____ con tus compañeros.

f. _____ el dibujo y _____ frases.

g. _____ con tu compañero.

h. _____ tu casa.

i. _____ las frases en tu cuaderno.

j. _____ con tu compañero.

ESCUCHAR — DIBUJAR — LEER — ESCRIBIR — JUGAR
HABLAR — MARCAR — TRABAJAR CON UN COMPAÑERO — PREGUNTAR — OBSERVAR

4. ¿Qué instrucciones da el profesor?

a. María, *abre* el libro en la página doce.
b. _____ las preguntas.
c. _____ la grabación.
d. _____ las respuestas.
e. _____ las respuestas.
con tu compañera.

ABRIR
LEER
ESCUCHAR
ESCRIBIR
COMPROBAR

Niños, *abrid* el libro en la página doce.
_____ las preguntas.
_____ la grabación.
_____ las respuestas.
_____ las respuestas.
con vuestros compañeros.

114   uso JUNIOR elemental

f. _____ el dibujo de la página 13.	MIRAR	_____ el dibujo de la página 13.
g. _____ el ejercicio 3.	HACER	_____ el ejercicio 3.
h. _____ hasta diez en español.	CONTAR	_____ hasta diez en español.
i. _____ a la pizarra.	SALIR	_____ a la pizarra.
j. _____ atención.	PONER	_____ atención.

5. Ana y Luis son muy desobedientes. ¿Qué les dice su padre?

a. Ana no quiere estudiar.   ¡Estudia!

b. Ana y Luis no quieren comer.   ¡Comed!

c. Luisa no quiere arreglar su habitación.   ¡_____ tu habitación!

d. Ana y Luis no quieren hacer los deberes.   ¡_____ los deberes!

e. Ana y Luis no quieren ir a clase de música.   ¡_____ a clase de música!

f. Luis no quiere tocar el piano.   ¡_____ el piano!

g. Luis no quiere hacer la cama.   ¡_____ la cama!

h. Luis no quiere poner la mesa.   ¡_____ la mesa!

6. ¿Qué dice el guía a los turistas? Completa las frases con los verbos del recuadro.

bajar   esperar   hacer   mirar   observar   pasar   salir   subir   venir

a. *Suban* al autocar, por favor.

b. _____ por aquí. Esta es la salida.

c. _____ a su derecha.

d. _____ un momento.

e. Ahora _____ a su izquierda.

f. _____ a esa habitación.

g. _____ ese cuadro. Es de Goya.

h. Ese es el museo. _____ del autocar,

i. _____ por aquí, por favor.

j. _____ cola aquí.

7. Escribe las formas de Imperativo de los siguientes verbos.

	dibujar	leer	escribir	corregir	despertar	comprobar
vos						
usted						
ustedes						

24 ¡Levántate!

Imperativo afirmativo: verbos con se

LEVANTARSE	COMERSE	
lev**á**nt**a**te	c**ó**m**e**te	(tú)*
lev**á**nt**e**se	c**ó**m**a**se	(usted)
levant**a**os	com**e**os	(vosotros/as)**
lev**á**nt**en**se	c**ó**m**an**se	(ustedes)
levantate	comete	(vos)*
levántense	cómanse	(ustedes)**

Algunos verbos irregulares:

V**E**STIRSE	S**E**NTARSE	AC**O**STARSE	IRSE	PONERSE	
v**í**stete	si**é**ntate	ac**ué**state	vete	ponte	(tú)*
v**í**stase	si**é**ntese	ac**ué**stese	váyase	póngase	(usted)
vest**í**os	sent**a**os	acost**a**os**	idos	pone**o**s	(vosotros/as)**
v**í**stanse	si**é**ntense	ac**ué**stense	váyanse	pónganse	(ustedes)
vestite	sentate	acostate	andate	ponete	*(vos)
vístanse	siéntense	acuéstense	váyanse	pónganse	*(ustedes)

También... | despertarse | dormirse |
| divertirse |

Mira los usos del Imperativo en el Tema 23.

116   uso JUNIOR elemental

Ejercicios

1. Escribe las formas del Imperativo de los siguientes verbos.

	lavarse	ducharse	beberse	divertirse
(tú)				
(usted)				
(vosotros/as)				
(ustedes)				

2. Completa las instrucciones de Isa a su perro. Utiliza los verbos del recuadro.

coger ladrar levantar levantarse saltar sentarse tumbarse venir

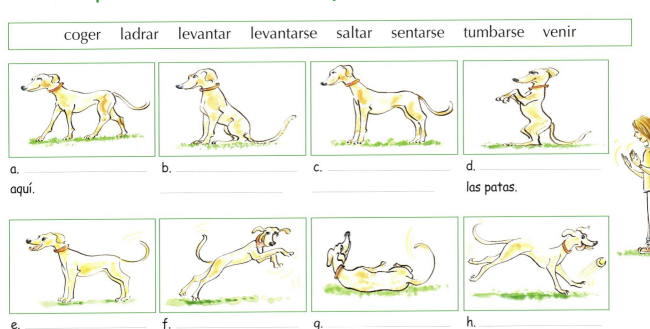

a. _____ aquí.
b. _____
c. _____
d. _____ las patas.
e. _____
f. _____
g. _____
h. _____ la pelota.

3. Ana y Luis son muy desobedientes. ¿Qué les dice su madre?

a. Luis no se despierta. — ¡Despiértate!
b. Ana y Luis no quieren levantarse. — ¡Levantaos!
c. No quieren vestirse. — ¡_____!
d. Luis no quiere lavarse. — ¡_____!
e. No quiere peinarse. — ¡_____!
f. Ana y Luis no quieren desayunar. — ¡_____!
g. No quieren ir al colegio. — ¡_____ al colegio!
h. Ana y Luis no quieren ponerse el uniforme. — ¡_____ el uniforme!

4. Completa las instrucciones de la tabla de gimnasia. Utiliza los verbos del recuadro.

bajar   dar   levantar   poner   saltar   sentarse   tocar   vestirse   contar

a. *Levantad* los brazos.

b. _____ las manos en los hombros.

c. _____ los brazos.

d. _____ hasta diez.

e. _____ en el suelo.

f. _____ el pie derecho con la mano izquierda.

g. _____ palmas.

h. _____

i. _____

5. Da permiso.

a. ¿Podemos irnos a casa?
_____ .

b. ¿Puedo irme ya al patio?
_____ .

c. ¿Puedo sentarme con Antonio?
_____ con Antonio.

d. ¿Podemos vestirnos ya?
_____ .

e. ¿Puedo ducharme ya?
_____ .

f. ¿Puedo tumbarme en la hierba?
_____ .

g. ¿Podemos sentarnos en estos pupitres?
_____ .

h. ¿Podemos acostarnos ya?
_____ .

i. ¿Podemos bañarnos en la piscina?
_____ .

j. ¿Podemos irnos a jugar?
_____ .

6. Completa las frases con la forma adecuada del Imperativo de los verbos del recuadro.

abrocharse   comerse   divertirse   ponerse   quitarse   sentarse

 7. Escribe las formas del Imperativo de los siguientes verbos.

dormirse   irse   lavarse   peinarse   sentarse   tumbarse   ir

Vamos a repasar. Temas 23-24

1. ¿Qué les dice su padre a Fede y Alicia?

1. Fede no quiere levantarse. _____ .
2. Alicia no quiere ducharse. _____ .
3. Fede y Alicia no quieren lavarse los dientes. _____ los dientes.
4. Fede no quiere ponerse el jersey. _____ el jersey.
5. Alicia no quiere desayunar. _____ .
6. Fede y Alicia no quieren estudiar. _____ .
7. Fede no quiere arreglar su habitación. _____ tu habitación.
8. Alicia no quiere hacer los deberes. _____ los deberes.
9. Fede y Alicia no quieren ir a clase de inglés. ¡ _____ a clase de inglés!
10. Fede y Alicia no quieren bañar al perro. _____ al perro.

10

2. Da permiso.

1. ¿Puedo jugar aquí? _____ aquí.
2. ¿Puedo bañarme en la piscina? _____ en la piscina.
3. ¿Podemos tumbarnos en la hierba? _____ en la hierba.
4. ¿Puedo sentarme con Luisa? _____ con Luisa.
5. ¿Podemos sentarnos en este pupitre? _____ en este pupitre.
6. ¿Podemos irnos a casa? _____ a casa.
7. ¿Puedo salir con mis amigos? _____ con tus amigos.
8. ¿Puedo llamar por teléfono? _____ por teléfono.
9. ¿Podemos comer más hamburguesas? _____ más hamburguesas.
10. ¿Puedo entrar? _____ .

10

16 — 20: Vas muy bien.
11 — 15: Vas bien.
0 — 10: Tienes que repasar más.

20

Actividades

1. CHICO, CHICA

TENIS MASCULINO-FEMENINO

2. GATO, GATA

PRUEBA DE MEMORIA
Observa la ilustración del Ejercicio 2 durante un minuto. Luego prueba la memoria visual de tu compañero.

3. UN BALÓN Y UNA VIDEOCONSOLA

MEMORIA EN CADENA
Escucha a tus compañeros y añade un objeto más a la cadena.

Tengo un monopatín.
Tengo un monopatín y una moto.
Tengo un monopatín, una moto y un balón.

4. DOS CUADERNOS Y UN BOLÍGRAFO

EXTRATERRESTRES
Dibuja un extraterrestre y descríbeselo a un compañero para que lo dibuje. Compara los dibujos.

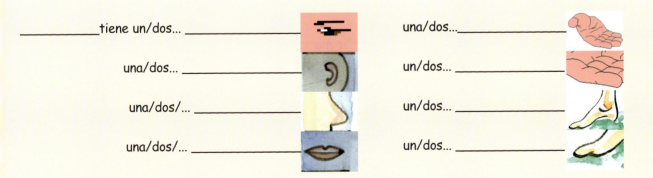

_____ tiene un/dos... _____   una/dos... _____
una/dos... _____   un/dos... _____
una/dos/... _____   un/dos... _____
una/dos/... _____   un/dos... _____

5. ES UN BOLI

GEOGRAFÍA DE TU PAÍS
Escribe los nombres de algunos accidentes geográficos de tu país. Luego pregunta a un compañero.

¿Qué es el Orinoco?   *Un río.*

6. LOS PADRES DE ANA

PRUEBA DE MEMORIA
Mira el árbol genealógico del Ejercicio 3 y prepara 5 preguntas. Luego pregúntale a tu compañero.

> ¿Quién es Tomás?

> El marido de Andrea.

7. MARTA ES MORENA

CORREO DE AULA ("a-nota")
a. Escribe una "a-nota" con tu descripción física. No escribas tu nombre. Luego dásela a tu profesor o envíala por Internet.

> Querido compañero/a:
> Soy _____ y _____. Soy _____ (color de pelo). Tengo el pelo _____ y _____. Tengo los ojos _____. ¿Sabes quién soy?

b. Lee una "a-nota" de un compañero. ¿Sabes quién es?

8. UN COCHE ESPAÑOL

¿CALIENTE O FRÍO?
Elige una nacionalidad y escríbela en un papel. Tu compañero debe adivinarla en cinco preguntas. Ayúdale con *Caliente* o *Frío*.

¿Eres española?	Frío.
¿Eres argentina?	Caliente.
¿Eres brasileña?	Sí.

9. YO, TÚ, ÉL, ELLA...

TENIS NOMBRES-PRONOMBRES

Silvia.
Ella. María y Roberto.
Ellos. João.
Él.

10. SOY PROFESOR

¿QUIÉN SOY?
Adopta la personalidad de un personaje famoso. Piensa en su profesión, nacionalidad y descripción física. Díselo a tus compañeros. ¿Saben quién eres?

Soy actriz y cantante. Soy norteamericana, de Nueva York. No soy muy alta y soy morena.

> ¿Eres Jennifer López?

Sí.

11. ESA MOTO

PRUEBA DE VOCABULARIO
Prepara tarjetas con ilustraciones de los siguientes objetos: bicicleta, bolígrafo, cometa, gafas, gorra, lápiz, libro, monopatín, pluma, regla, reloj, tijeras, vaqueros. Pregunta a tu compañero.

¿Qué es esto? *Unas gafas.*

¿Qué es eso? *Una bicicleta.*

12. MIS PADRES

¿CONOCES A TU COMPAÑERO?
a. Completa el cuadro con información referente a tu compañero.

... el color preferido de mi compañero es el _____.
... su número preferido es el _____.
... su cantante preferido es _____.
... su cantante preferida es _____.
... su deporte preferido es _____.

b. Ahora comprueba con tu compañero.

13. UN, DOS, TRES...

BINGO
Completa un cartón de bingo con veinte números del 1 al 99. Luego juega con 4 ó 5 compañeros. En cada ronda uno no juega y 'canta' los números.

14. TENGO DOS HERMANOS

EN CADENA
Elige un objeto o un animal de la lista y escríbelo en un papel. Luego, en cadena di qué objeto tienes, añadiendo los que han dicho tus compañeros.

| bici | cámara | cámara de vídeo | gato | guitarra | moto | ordenador | perro |

Juan: Tengo un ordenador.
Pilar: Juan tiene un ordenador y yo tengo una bici.
Sara: Pilar tiene una bici y Juan y yo tenemos un ordenador.

MÍMICA
'Dile' a tu compañero cómo te sientes con mímica. ¿Te entiende?

Tienes sueño.

uso JUNIOR *elemental*

15. ESTOY EN BARCELONA

¿FRÍO O CALIENTE?

Imagina que ahora estás en un país latinoamericano. Escribe el nombre en un papel. Tu compañero debe adivinarlo en cuatro preguntas. Ayúdale con *Caliente* o *Frío*.

¿Estás en Argentina?   *Frío.*
¿Estás en Venezuela?   *Caliente.*
¿Estás en Panamá?   *Sí.*

MÍMICA

Elige una de las palabras siguientes y dísela a tu compañero con mímica. ¿Sabes qué palabra es?

enfermo   cansado   agotado   triste   alegre   aburrido

Estás aburrido.

16. ¡HAY UNA TELEVISIÓN EN EL CUARTO DE BAÑO!

EN CADENA

a. Haz una lista de las cosas que hay en tu barrio o en tu ciudad.

Tres cines, un parque, un hospital...

b. Uno de vosotros empieza a decir las cosas que hay. Otro continúa, añadiendo una cosa más.

Hay un parque   *Hay un parque y tres cines.*   *Hay un parque, hay tres cines y un supermercado.*

17. ESTUDIO ESPAÑOL

MI COMPAÑERO Y YO

a. Completa estas frases con tu información. Luego habla con tu compañero.

Vivo en ...
Estudio ...
Colecciono .../No colecciono nada.
Leo ...
Toco .../No toco nada.
No me gusta...

b. Dile a la clase qué tienes en común con tu compañero.

Robert y yo vivimos en...
No coleccionamos nada.

18. QUIERO SER ABOGADA

¿QUIÉN...?
Pregunta a tus compañeros y completa la tabla con diferentes nombres.

¿Quién....	Nombre
... duerme más de ocho horas?	
... juega al baloncesto?	
... juega al ping-pong?	
... quiere ser profesor/a?	
... quiere ser músico?	
... puede mover las orejas?	
... mide más de 1,65 metros?	

19. VOY AL CINE

HABILIDADES
a. Marca qué sabes (✓) y qué no sabes (X) hacer.
Luego busca otros compañeros como tú.

Nombre	montar en bici	montar a caballo	tocar la guitarra	nadar	cocinar

¿Sabes montar en bici?   *Sí. ¿Y tú?*

b. Informa a tu clase.

Hans y yo no sabemos montar en bici.

20. ME QUIERE, NO ME QUIERE...

¿QUIÉN SOY?
Observa la ilustración del Ejercicio 3 y escribe frases como las del ejemplo.

Yo veo a Sara pero ella no me ve a mí.
¿Quién soy?

Lee las frases a un compañero. ¿Sabe quién eres?

uso JUNIOR elemental

21. (A MÍ) ME GUSTA EL ESPAÑOL

ENCUESTA

a. Con tu clase, prepara un cuadro con las asignaturas de tu curso. Luego complétalo con tu nombre y los nombres de los compañeros de tu grupo.

español			
matemáticas			
ciencias			

Completa tu columna con 'Me gusta/n', 'Me gusta/n mucho', 'No me gusta/n', 'No me gusta/n nada'.

b. Pregunta a tus compañeros y anota las respuestas.

¿Te gusta el español, Paola? *Sí, me gusta. ¿Y a ti, Rosa?*
A mí me gusta mucho.

Da la información sobre tu grupo a tu profesor.

El español les gusta a dos compañeras. A uno le gusta mucho...

22. ME LEVANTO A LAS SIETE

EL PERSONAJE MISTERIOSO

a. Pregunta a tu profesor para completar la información sobre el personaje misterioso.

- Se llama …………………………………………… *¿Se llama Juan?*
- Se despierta ………………………………………
- Se levanta …………………………………………
- Se lava ………………………………………………
- Se cepilla ……………………………………………
- Se acuesta …………………………………………

b. Ahora crea tu personaje. Completa las frases con información y responde a las preguntas de tu compañero. Ayuda con *Caliente* o *Frío*.

Se llama Rosa. *Frío.*
Se despierta a las diez. *Caliente.*

23. ABRE EL LIBRO

INSTRUCCIONES TONTAS
a. Elige cinco 'instrucciones tontas' del recuadro. Díselas a tu compañero.
¿Hace lo que le dices?

Abrir/Cerrar la boca.	Cerrar/Abrir los ojos.
Decir 'Hola'/ 'Buenos días'	Contar hasta cinco.
Cantar.	Mirar al cielo/a la ventana.
Saltar. Dar palmas.	Mover la nariz.

Di "Hola".   *Hola.*

b. Prepara una secuencia de otras 'instrucciones tontas'. Luego díselas a tu compañero.
¿Las entiende?

Cuenta hasta diez.   *Uno, dos...*

24. LEVÁNTATE

TABLA DE GIMNASIA
Dales las instrucciones de la tabla a tus compañeros.

(sentarse) en el suelo.

(levantarse).

(abrir) las piernas.
(levantar) los brazos.
(bajar)   el brazo derecho/izquierdo.
           la pierna derecha/izquierda.

(poner) las manos en los hombros/en las caderas.
        la mano derecha/izquierda   en el hombro derecho/izquierdo.

(tocar) los pies   con las manos.
        el pie derecho/izquierdo   con la mano derecha/izquierda.

(contar) hasta diez/veinte/...

(saltar).

Sentaos en el suelo. Levantaos...